Cortes Celestiais

Para iniciantes

Ronald Montijn

Publicado por Seraph Creative

Cortes Celestiais para iniciantes

Um guia prático para apresentar seu caso nas cortes do céu

Publicado por Seraph Creative
www.seraphcreative.org

Autor: Ronald Montijn
Conselho: Arjan Hulsbergen, Meindert Van
Editor: Jim Bryson, Diane Helman
Design da capa: Feline Graphics
www.felinegraphics.com
Translator: Tatiana Arnold

Nova Versão King James (NKJV): Escritura retirada da New King James Version®. Copyright © 1982 por Tomas Nelson. Usado com permissão. Todos os direitos reservados. Itálico nas Escrituras é adicionado pelo autor.

As informações deste livro são redigidas com o maior cuidado possível. A editora e o autor expressamente excluem qualquer responsabilidade por qualquer perda direta ou indireta ou dano de qualquer espécie, que seja o resultado do uso das informações contidas neste livro.

Existe um manual disponível que acompanha este livro.
Cortes celestiais manuais para iniciantes

ISBN 978-1-922428-52-3

Copyright © 2022 Seraph Creative

Todos os direitos reservados. Nenhuma parte desta publicação pode ser reproduzida, distribuída, armazenada em um sistema de recuperação ou transmitida em qualquer forma por qualquer meio - por exemplo, mecânico, eletrônico, fotocópia, gravação ou qualquer outro - sem a permissão prévia do editor. Exceto no caso de breves citações incorporadas em análises críticas e certos outros usos não comerciais permitidos pela lei de direitos autorais.

Apresentação

É com grande prazer que endosso o manual de Ronald sobre as cortes do céu. Quando fui exposto pela primeira vez a essa abordagem de intercessão, graves dúvidas surgiram em minha mente sobre a legitimidade. Eu estava lutando contra um bloqueio financeiro e um amigo em comum me apresentou a Beverley Watkins. Concordei com uma reunião de oração no Skype há dois anos. Foi essa experiência na presença de Deus que mudou meu coração e depois minha mente. Desde então, Beverley e eu oramos com dezenas de pessoas pelo Skype e pessoalmente - todos com resultados poderosos.

Então, no outono de 2017, nos comprometemos a vir para a Holanda e abrir o livro desta grande nação. O que descobrimos foi um destino emocionante para esta "porta de entrada para a Europa" para desempenhar seu papel na próxima reforma. Foi durante essa viagem que Ronald dirigiu até Eindhoven e se encontrou conosco. Como Beverley, ele tem mais de uma década de experiência em intercessão e é muito versado em tribunais. Foi como conhecer alguém que já conhecíamos. Enquanto conversávamos, dei uma olhada profética no livro e no destino de Ron. Aqui está o que eu encontrei ...

Esta reforma envolverá todas as montanhas e abençoará as nações. Vai muito além de nossas tradições bastante passivas de oração e avivamento. Eu penso nisso como "Reforma da Intenção". Homens e mulheres estratégicos de negócios, política, artes, mídia e educação (todos os setores de nossa cultura) irão abraçar seu mandato de discipular nações. Jesus é o Rei dos reis e essas pessoas lutarão por suas terras e suas atribuições pessoais no reino.

Cortes Celestiais para Iniciantes será uma ferramenta estratégica para que cada um de nós venha herdar nosso livro... e Ronald será uma voz de orientação prática para nos mostrar como. Os reis nos negócios estão sendo equipados com suas ferramentas sacerdotais para abrir os céus e abençoar as nações. Então, estou abençoando este livro e este irmão para fazer tudo o que está em seu coração, pelo bem do reino e por pessoas como eu.

John Garfield

www.releasingkings.com Kennewick, Washington, EUA, outubro de 2017

Cortes Celestiais para Iniciantes é uma ferramenta inestimável nas mãos de todo crente que deseja avançar em seu destino em Deus. Ronald explicou os conceitos e protocolos fundamentais do tribunal com grande precisão e excelência. Seu livro é uma exposição muito necessária que ajudará o povo de Deus a entender tanto a doutrina quanto o "como fazer" espiritual desta dimensão da oração.

No Corpo de Cristo, há muitas pessoas ensinando sobre as cortes do céu, mas poucas têm a profundidade de discernimento e a experiência prática que é elucidada neste livro. Eu recomendo altamente Cortes Celestiais para Iniciantes para todos os que procuram lidar com as questões legais que os impedem de andar na plenitude do destino que Jesus ganhou por eles na cruz!

Beverley Watkins

Global Reformers- Diretor Internacional para a África

Johannesburg SA, Outubro2017

Ronald é uma pessoa cheia de energia e vibrante. Isso se refletiu bem em sua capacidade única de pegar um princípio, explicá-lo e dividi-lo em uma linguagem leiga, dando ao leitor uma visão e conhecimento sobre como funciona YHVH.

Seu livro vai desafiar e inspirar leitores de todas as idades em seu crescimento e caminhada com o Pai. Eu recomendo o livro dele se você quer essa inspiração e esse trabalho em sua vida.

Ian Clayton
Son of Thunder
www.sonofthunder.org

Conteúdo

Apresentação   3
Conteúdo   5
Prefácio   7
Introducão   12
Base Bíblica   17

1. Não há nada de novo sob o sol   19
2. Precisamos que Deus seja nosso juiz   29
3. As Cortes do Céu na Bíblia   40
4. A Convicção de Jesus Cristo   57
5. O Tribunal Móvel   65
6. O Pacto: Um Contrato Legal   77
7. Qual é o nosso mandato?   94
8. Ame Seus Inimigos   110
9. Vendo na dimensão espiritual   125
10. Protocolos de Tribunal   136

Aplicação Prática   146

11. O Bem Começado É   147
12. O que está escrito em meu pergaminho?   154
13. Descreva a injustiça   165
14. Venha, Vamos Julgar Juntos   174
15. Executar o julgamento escrito   183

Epílogo   192
Agradecimentos   196
Literatura Recomendada   198

Prefácio

Um dia, eu estava dirigindo pelo belo centro de Leuven, uma cidade estudantil flamenga[1] na Bélgica. Conduzi o carro distraidamente, preocupado em conversar com o conhecido do trabalho que estava comigo. Mais tarde, descobri que havia atravessado um semáforo vermelho, pois uma multa substancial foi entregue em meu capacho holandês algumas semanas depois.

Fiquei momentaneamente tentado a negligenciar essa correção judicial pela autoridade judiciária flamenga, mas minha consciência imediatamente me acusou. Eu havia atravessado um sinal vermelho e estava claramente em falta. Este era um crime grave em Flanders. Ao ler a intimação, vi que eu tinha que prestar contas sobre meu erro em um tribunal.

Instintivamente, entendi que seria melhor atender a essas intimação. Decidi comparecer ao tribunal de Leuven e estava marcado para uma manhã de sexta-feira às oito e meia. Isso foi muito emocionante para mim, pois eu nunca tinha ido a um tribunal antes.

Levantei-me antes do sol nascer, para atravessar Veluwe[2], e me apresentar a um tribunal imponente e com cheiro de mofo em Leuven. Fiquei nervoso ao me sentar na fileira junto com outros infratores de trânsito flamengos. Sem dúvida eles se perguntaram o que aquele holandês mesquinho estava fazendo ali. Esperei pacientemente até chegar a minha vez de comparecer perante o juiz cantonal em Leuven.

Quando me sentei, refleti sobre o que havia aprendido com os ensinamentos de Ronald sobre as cortes do céu. Eu havia me preparado, sabendo que os tribunais terrestres operam sob a jurisdição dos tribunais celestiais e não separadamente deles. Eu sabia que uma corte terrestre tinha que ser um reflexo da celestial. Os julgamentos e veredictos na terra foram estabelecidos para estar em linha com o julgamento e veredicto proferidos no céu.

Eu sou um iniciante, pensei comigo mesmo, *mas vou praticar esse ensi-*

---

1   Flandres é a parte norte da Bélgica. O idioma principal é o holandês. Leuven é uma cidade da Flandres. O povo se chama flamengo e está convencido de que os holandeses são mesquinhos.

2   O Veluwe é uma bela parte rural da Holanda e fica a cerca de 3 horas de carro de Leuven.

namento e ver o que acontece. Eu estive orando e preparando meu caso em casa, assim como Ronald detalha neste livro. Fui em meu espírito para o tribunal celestial. Confessei meus pecados lá e pedi um julgamento. Para ser sincero, achei difícil imaginar um tribunal com um juiz, procurador e advogado de defesa. Eu nunca tinha estado em um tribunal de verdade. Fiz tudo isso em passos de fé. Enquanto orava, tive a impressão de que minha chegada à Bélgica, bem como a razão de meu trabalho em Leuven, teriam um papel na avaliação judicial deste caso.

De repente, a porta do tribunal diante de mim se abriu. Um oficial com sotaque flamengo ordenou severamente a mim e aos outros infratores para que ficássemos em silêncio. Não deveríamos falar a menos que alguém fizesse uma pergunta, ou seríamos removidos do tribunal. Fomos então conduzidos a um grande corredor empoeirado. A bancada imponente do juiz ficava no meio, diante dela ficava um punhado de humildes bancos de madeira para os réus. A velha sala estava iluminada apenas o suficiente para se perceber que aquele lugar inteiro precisava de uma nova camada de tinta.

Todos nós deslizamos obedientemente em nossos assentos de madeira. De repente, o juiz, promotor e escrivão entraram na sala do tribunal. Todos foram convocados a se levantar quando o tribunal iniciou a sessão. Os suspeitos pleitearam individualmente seus casos, representados por jovens advogados. Um por um, eles receberam seus veredictos.

De repente, recebi a ordem de dar um passo à frente. "Então, senhor Leeuwestein, de onde você está vindo?" perguntou o juiz em flamengo. Respondi com uma voz fina e tensa que vim da Holanda.

Suas sobrancelhas franziram. Ele olhou incisivamente para o relógio, fez algumas contas rápidas e voltou seu olhar para mim. "Hmm," ele disse. "Não é sempre que alguém vem da Holanda para Leuven para pagar uma multa. O que você estava fazendo aqui no dia em que passou pelo sinal vermelho? "

O corredor estava mortalmente silencioso, e o promotor e o escrivão me encararam. "Eu tinha um compromisso de trabalho aqui, Meritíssimo", o tempo todo tentando me lembrar se um juiz flamengo é chamado de "Meritíssimo". Bem, respeito extra não faz mal.

Prefácio

"E que tipo de trabalho você tem, senhor Leeuwestein?" ele pressionou.

"Eu trabalho para uma fundação que apóia cristãos perseguidos em países como Coréia do Norte ou Irã. Buscamos oração e apoio financeiro das igrejas em Leuven, "eu respondi, em um tom claro e respeitoso.

O semblante do juiz mudou imediatamente. O interesse genuíno se espalhou por seu rosto, tão iluminado que parecia que o Espírito Santo tinha pousado sobre ele. A atmosfera no tribunal mudou completamente quando ele fez mais perguntas sobre a perseguição aos cristãos. Finalmente, ele se recostou na cadeira.

"Então, você estava realmente em Leuven para fazer algo bom quando passou pelo sinal vermelho. E esta manhã você dirigiu três horas para responder a mim como seu juiz. Este resumo está correto? " ele perguntou.

"Isso é correto, Meritíssimo," eu confirmei calmamente.

"Bem, isso não é algo que vemos com frequência aqui, senhor Leeuwestein. E, francamente, acho isso realmente notável. "

O juiz consultou o promotor em silêncio por alguns momentos, depois se virou para mim com óbvio apreço. "Eu o declaro culpado por cometer este delito, mas o absolvo de qualquer multa", ele anunciou em voz alta. Com um grande estrondo, seu martelo atingiu o banco. "Próximo caso."

Antes que eu percebesse, eu estava do lado de fora do tribunal, ainda sem compreender totalmente o que havia acontecido. Eu era culpado da acusação, mas absolvido das consequências. O juiz fez exatamente o que eu orei para que ele fizesse. Fiquei surpreso. Eu não apenas experimentei meu primeiro encontro com a realidade do sistema judicial, mas também experimentei a presença de Deus como Juiz.

Por meio disso, o Senhor me ensinou que, embora eu não possa fazer o que quiser sem enfrentar as consequências, os veredictos nas cortes do céu são reais. A experiência abriu meus olhos para a realidade tangível da autoridade de Deus.

Estou apenas começando a aprender essas verdades sobre as cortes do céu. Quero encorajá-lo não apenas a adquirir conhecimento sobre isso, mas também a colocá-lo em prática, especialmente quando se trata de injustiças cometidas contra você e sua família.

O Juiz Celestial deseja dar um veredicto a seu favor. Ele fica frustrado quando o único testemunho ouvido no tribunal é o do acusador. Jesus Cristo é nosso advogado e nos auxilia em nossos processos judiciais. É hora de experimentar o Juiz Celestial enquanto Ele executa o julgamento em seu nome.

Este livro será de grande ajuda para você. Leia com atenção e regularidade, e estude os princípios da Palavra de Deus. E então, o mais importante, aplique-os. Haverá muitos avanços maravilhosos que excederão meu exemplo. Minha oração é que o livro de Ronald seja uma grande bênção, não só para você, mas também para aqueles que Deus confiou a você.

Sven Leeuwestein
Diretor do IMPACT Navigators, The Netherlands
Elburg, Outubro 2017

Cortes Celestiais para Iniciantes, de Ronald Montijn, é um livro obrigatório e não apenas para aqueles que estão recentemente buscando ascender e navegar nas dimensões dos céus. É um livro para qualquer pessoa, incluindo professores espirituais veteranos. Este livro descreve vividamente os protocolos para navegar nas cortes celestiais. Este livro vai lhe poupar muito tempo e pode ser um manual rápido para revisar certas práticas que podem ajudar a compreender as experiências místicas.

Neste livro, Ronald Montijn nos ensina o processo de ida para a corte do céu, e também nos mostra como nosso interior deve estar estruturado, se quisermos ser eficazes em nossa travessia nas cortes do céu. Ele nos mostra como o ódio em nosso interior e outras coisas semelhantes podem prejudicar não apenas nossa capacidade de ver, mas também nossa capacidade de operar com eficácia nos tribunais.

Cortes Celestiais para iniciantes é uma tecnologia espiritual distinta, que ajuda a definir o processo para os viajantes dos reinos celestiais.

Ronald Montijn mostra no contexto deste livro que, por mais diversas que sejam nossas experiências nos reinos do Pai, talvez, uma coisa é clara: todos devemos seguir os protocolos estabelecidos nas Escrituras e nos relacionar com eles com honra. Este processo é apresentado com precisão e clareza por Ronald. Só se pode entrar e navegar nas cortes do céu, na medida em que você permitiu que o Espírito Santo modificasse e transmutasse seu ser.

Alcançar essa atitude, que é um meio de elevar a consciência espiritual, é a chave para a eficácia no uso da tecnologia do tribunal. Na verdade, o que tornou este processo difícil para tantos recém-chegados foi a confusão que acompanhou a ascensão.

Este livro não é apenas um manual para iniciantes, é também uma ferramenta eficaz de reflexão e revisão para o veterano. Este livro foi escrito para dar ao leitor um guia introdutório autêntico às dimensões místicas, e para fundamentá-lo biblicamente, enquanto navega nesses reinos. Recomendo este livro com alegria a todos que buscam.

Dr. Adonijah O. Ogbonnaya
Maio 2019

Introdução

Cortes Celestiais: É algo novo?

Cerca de dez anos atrás, Ian Clayton começou a ensinar sobre a existência e o funcionamento das cortes celestiais.[3] O Espírito Santo o usou como um precursor para preparar o caminho para o Corpo de Cristo. As verdades sobre esses tribunais, que estiveram ocultas por séculos, agora são disponibilizadas ao público em geral. Parece que os livros celestiais, que foram selados por muito tempo, agora foram abertos.[4]

Mais recentemente, outros livros foram escritos sobre as cortes do céu. Conferências estão sendo realizadas em todo o mundo, nas quais os cristãos são treinados para orar nas cortes do céu. Os ministros estão cada vez mais tornando os ensinamentos sobre as cortes celestes disponíveis ao grande público cristão. Um desses ministros é Robert Henderson.

Em 2015, Robert Henderson foi convidado para falar sobre o assunto em uma conferência na Holanda. A tradução holandesa de seu livro foi apresentada nesta conferência.[5] Nele, Robert estabelece uma base para as atividades espirituais na dimensão espiritual. Ele explica as vozes que advogam em nosso favor nas cortes do céu.

Em tudo isso, vemos um movimento de Deus na terra. Além da revelação de que Deus é nosso Pai, também passamos a conhecê-lo como o Juiz Justo da terra, um Juiz que anseia por nos conceder justiça.

Um Desafio Para O Leitor

Como o título indica, este é um livro para iniciantes. Os iniciantes anseiam por descobrir mais sobre a existência das cortes celestiais e desejam experimentar a intervenção judicial da parte de Deus. Esses

---

3 Ian é um mestre profético pioneiro da Nova Zelândia, que ensina sobre as dimensões celestiais há mais de 24 anos; veja www.sonofthunder.org.
4 Daniel 12:9-10
5 Procederen in de hemelse rechtbanken, Publicado por Mandate Publishing, 2015

são os que realmente desejam ser ativos nas cortes do céu, a fim de ver o reino dos céus sendo estabelecido na terra. Eles estão dispostos a se esforçar para se tornarem filhos maduros em Cristo e crescerem assumindo responsabilidades.

Este livro será um desafio para você. Não é possível permanecer passivo ao ler este livro; você está sendo desafiado a agir. Peço a você que continue a bordo conosco até terminar o livro, e que complete todas as tarefas. Suas convicções podem ser desafiadas, especialmente se você tiver uma opinião diferente sobre alguns dos insights mencionados neste livro.

O objetivo deste livro é fornecer um guia prático para ajudá-lo a apresentar seu próprio caso ao Juiz Celestial nas cortes do céu. Portanto, é importante ler com atenção e familiarizar-se totalmente com as informações aqui apresentadas.

Este livro tem duas partes. Na primeira metade, o fundamento bíblico para a existência e operação das cortes celestiais é lançado. Na segunda metade, você preparará seu próprio apelo nos tribunais do céu e apresentará seu caso ao Juiz Celestial.

Agora é a hora de agirmos. Esta é a sua vida e você é a única pessoa que pode mudá-la. O Pai o convidou a entrar nas cortes do céu com Ele.[6] Ali, Ele vindica a todos nós, para que possamos experimentar a vitória em nossas vidas, e lidar com todo adversário que está nos impedindo de caminhar em nosso destino.

Respostas Para Perguntas De Sondagem

As cortes do céu são tão reais quanto as da terra. Os julgamentos são vinculativos e os veredictos são reais. Mas posso imaginar que você ainda tenha toneladas de perguntas sobre esse assunto. Esses tribunais realmente existem ou são apenas frutos da minha imaginação? Como faço para entrar nessas cortes? Qual é o protocolo certo a seguir? Como tudo isso funciona? O que é que eu ganho com isso? O sacrifício de Jesus não é suficiente? Este livro responde a essas e muitas outras perguntas.

---

6   Isaías 43:26

Também existe um livro de exercícios disponível. Será uma ferramenta útil para completar as tarefas apresentadas neste livro. Algumas dessas tarefas são feitas apenas uma vez, como escrever o conteúdo do pergaminho do seu próprio destino. Mas as outras designações são exclusivas para cada vez que você entra nas cortes do céu para defender seu caso. A apostila ajuda na preparação para cada vez que você for a um tribunal.

Uma Mão Aberta

Nos últimos anos, obtive mais compreensão e respeito pela maneira como o povo judeu honra as palavras do Altíssimo. Eles têm estudado intensamente Suas palavras por milhares de anos. Aprendamos com eles, deixando de lado nossos preconceitos. Espero que nós, como cristãos ocidentais, comecemos a entender as profundezas que estão escondidas dentro da Palavra de Deus.

Os rabinos nos ensinam que existem setenta interpretações diferentes para cada passagem da Escritura. Todas elas contêm verdade e podem existir próximas umas das outras.[7] Isso expressa a riqueza e a profundidade de nosso Deus e de sua Palavra. Na maioria das vezes, o povo judeu acolhe alguém com uma opinião diferente. Eles abraçam novas perspectivas porque cada nova faceta os capacita a aprender algo novo de Deus em uma nova verdade que eles nunca viram antes.

É claro que você tem o direito de ter opiniões diferentes sobre partes deste livro ou ter experiências diferentes. Mas, por favor, não se ofenda com o que você lê. Em vez disso, receba a mensagem deste livro com o coração e as mãos abertas.

Eu testifico nesse livro sobre as coisas que tenho visto a respeito da grandeza de nosso Deus, o Criador dos Céus e da Terra, o Rei do Universo, Adonai Eloheinu, que enviou Seu filho, Yeshua HaMashiach a esse mundo para nos redimir e libertar, que deu Seu Espírito, Ruach Ha-Kodesh, para viver dentro de nós, e pelo qual nós estamos sendo levados a plenitude daquilo que Ele preparou para nós.

---

7   O termo para este conceito de interpretação múltipla é Shiv'im panim laTorah (cada versículo da Torá tem setenta faces ou facetas diferentes).

Introdução

Ao ler este livro, é meu desejo que sua caminhada de fé seja enriquecida e seu relacionamento com o Pai, o Filho e o Espírito Santo se aprofunde. Que acabe a injustiça que existe em sua vida. Que você seja capaz de apresentar seu caso ao Juiz Celestial e que Ele te justifique. Que você tenha vitória sobre todos os inimigos em sua vida. Que você experimente a liberdade e cumpra o destino que Deus lhe deu. Que você descubra novos aspectos de Seu governo. Que você saiba o que é permanecer na criação como um filho de Deus. Que você experimente a plenitude da misericórdia e da liberdade que nos foi prometida.

Ronald Montijn
Duivendrecht, Outubro 22, 2017

Parte 1

Base Bíblica

1

Não Há Nada Novo Sob o Sol

Não há nada de novo sob o sol, o Pregador disse uma vez. O que foi é o que será. O que é feito é o que será feito.[8] Essas palavras expressam profundamente a mente da cultura judaica. Em nítido contraste com a maneira grega de pensar, os judeus vêem os tempos de uma maneira circular.

O pensamento grego é linear: 1 + 2 + 3 = 6. Mas para os judeus, o fim deve ser igual ao início: 1 + 2 + 3 = 6 = 3 + 2 + 1. A própria criação está em equilíbrio; há ordem e equilíbrio nisso. Vemos essa maneira de pensar quando Jesus disse aos Seus discípulos: A vinda do Filho do Homem no fim do mundo será como nos dias de Noé. Nos últimos dias, veremos as mesmas coisas acontecendo como nos dias de Noé. Como exemplo, pense em nossas discussões atuais sobre gênero. A mesma coisa aconteceu naquela época e foi uma das razões pelas quais a Terra foi inundada.

> *Como aconteceu nos dias de Noé, assim também se dará por ocasião da chegada do Filho do homem. Porque nos dias que antecederam ao Dilúvio, o povo levava a vida comendo e bebendo, casando-se e oferecendo-se em matrimônio, até o dia em que Noé entrou na arca, e as pessoas nem notaram, até que chegou o Dilúvio e levou a todos. Assim ocorrerá na vinda do Filho do homem..*
>
> *Mateus 24:37-39*

O que isso significa para nós como cristãos? Para começar, isso nos ajuda a entender que as circunstâncias neste mundo não são uma surpresa para Deus. Podemos experimentar algo tão novo ou até revolucionário, mas todas as coisas não são absolutamente nenhum segredo para ele. Às vezes, é a glória de Deus ocultar um assunto, mas é a glória dos reis descobrir um assunto.[9] Ele nos convida a aprender com Ele e a ser conduzidos por Ele. É Seu desejo revelar esses segredos para nós.

---

8 Eclesiastes 1:9
9 Provérbios 25:2

A velocidade com que novas revelações são introduzidas na igreja parece ter aumentado apenas nos últimos anos. Historicamente, novos conceitos levavam anos para serem aprendidos e disseminados. Mas hoje em dia, a última revelação ainda não foi totalmente compartilhada quando a próxima já está batendo na porta. Alguns cristãos correm de uma conferência para outra e parecem não ter mais nada a fazer a não ser descobrir as novidades mais recentes. Eles se parecem muito com os atenienses dos dias de Paulo.[10] Outros cristãos se sentem incomodados com esses acontecimentos. Seu quadro de referência é insuficiente para julgar o que aceitar e o que rejeitar. Isso os torna inseguros ou temerosos, e o medo é um mau conselheiro.

Medo de Engano

Quando se trata de aceitação de novas ideias, produtos ou ensino, geralmente apenas esperamos para ver o que acontece. Decidimos deixar outra pessoa ser a primeira a provar que funciona ou que é seguro. Não há nada de errado com isso porque somos todos diferentes. Alguns de nós são precursores, enquanto outros esperam para ver para que lado o vento sopra. Mas esteja ciente de que todos nós temos um medo profundamente enraizado do engano em nossos corações. Quando agimos movidos por esse medo, corremos o risco de perder as coisas boas que o Pai deseja nos dar.

Onde é que esse medo se origina? É uma das consequências da queda no jardim. A humanidade perdeu sua inocência quando Adão comeu da árvore proibida. A decepção que Adão e Eva experimentaram ao serem expulsos do jardim causou grande temor do engano. Eles fizeram, por assim dizer, um voto interior: "Nunca mais seremos enganados por este inimigo!" Esta convicção se apegou ao seu ser interior e passou através da linhagem para cada ser humano desde então. O resultado? Muitos de nós observamos os novos desenvolvimentos no reino de Deus de longe. Temos medo de cometer o mesmo erro que Adão e Eva cometeram.

Este livro provavelmente contém novos insights para você. Estou pedindo a você que os envolva de coração aberto. Por definição, novas revelações e percepções não têm precedentes. Afinal, eles são novos.

---

10   Atos 17:21

Por outro lado, suas convicções e percepções sobre o que é verdade se baseiam nas revelações e impressões do passado. Para descobrir algo novo, você não só precisa ter uma mente aberta, mas também ter a intenção de pesar o conteúdo e testá-lo.

Além disso, não se distraia com a forma como a mensagem é oferecida a você. Recentemente, compartilhei um artigo no Facebook sobre uma situação política na América. Fiquei surpreso ao ver que a discussão resultante não se referia ao conteúdo do artigo, mas difamava o site de notícias que o publicou. Os comentaristas disseram que o relatório era pobre e desequilibrado.

Esse tipo de raciocínio pode acontecer com todos nós. Não mudamos nossos preconceitos e mentalidades facilmente, e nossas opiniões muitas vezes são baseadas mais em nosso quadro de referência do que em uma conclusão precisa dos fatos. Quando estudamos a vida de Jesus, vemos que muitas vezes Sua mensagem ofendeu as pessoas.[11] Será que Deus quer testar nossos corações para ver se realmente queremos ir atrás do tesouro escondido? Isso é o que Paulo quis dizer quando disse que a cruz era uma pedra de tropeço para os judeus.[12] Somos capazes de ver os tesouros escondidos dentro da mensagem?

Qual é o nosso quadro de referência?

Quando queremos julgar novos insights, precisamos ter um quadro de referência sólido. O que quero dizer com isso? Nosso conhecimento, em compreensão e percepção, é limitado. Afinal, não somos Deus. Como podemos ter certeza de que essas novas tecnologias são seguras? Como podemos discernir se algo vem de Deus ou é apenas engano?

Claro, nosso primeiro fundamento é a Bíblia. Nela, encontramos as diretrizes para uma vida santa, tal como nos foram dadas pelo Todo-Poderoso. A Bíblia nos mantém no caminho certo em relação ao nosso comportamento e relacionamento com Deus.

Mas como lidamos com novos desenvolvimentos tecnológicos ou com percepções que não podemos discernir com nossos sentidos naturais? A Bíblia fala sobre isso também? A questão de "Onde está isso na

---

11   Mateus 13:57; Marcos 14:27; João 6:60-66
12   1 Coríntios 1:23

Bíblia?" é sincero, mas esse tipo de questionamento também pode nos limitar. Ninguém sabe tudo, exceto Deus. Deus se envolve em segredos, mas cabe a nós descobrir esses segredos. [13] Todos nós experimentamos novas descobertas nas Escrituras, embora as tenhamos estudado por anos. Quando isso acontece, é como se um véu tivesse sido removido e agora vemos a nova revelação. Naquele instante, sentimos como se todos precisassem ouvir a revelação que acabamos de receber.

Quando Jesus andou na terra, os escribas e fariseus frequentemente O atacaram. Com base em seu conhecimento e compreensão, eles concluíram que Jesus nunca poderia ser o Messias prometido. Eles estavam convictos de que muitas das coisas que Ele fazia e dizia eram contra os mandamentos que Deus lhes havia dado. Jesus se tornou uma ameaça para eles porque Ele não se encaixou na interpretação deles do Tenach. Ele simplesmente não atendeu às expectativas que eles tinham do Messias. O quadro de referência deles era muito estreito.

> *Eles responderam-lhe: "És igualmente tu um galileu? Procura e verás que nenhum profeta se levantou na Galileia.*
>
> João 7:52

Depois que o fato aconteceu, é fácil ser sábio. Lemos as histórias da Bíblia através dos olhos de alguém que conhece o resultado. Não há realmente como escapar disso. A história da igreja nos mostra que, quando se trata de novas percepções, os precursores sempre tiveram que lidar com a resistência da parte de grupos mais conservadores, e isto ocorreu repetidas vezes, geração após geração. Existem muitos exemplos no último século a respeito de revelações que aparentavam ser controversas no início, mas agora são amplamente aceitas.

Deus se envolve em segredos, mas cabe a nós descobri-los.

Por exemplo: falar em línguas, ministério de cura, mulheres em posições de liderança na igreja, guerra espiritual e o papel dos apóstolos e profetas na igreja. Frequentemente, surgem movimentos para aban-

---

[13] Proverbs 25:2

donar velhas convicções e abraçar as novas. Na maioria das vezes, sua resistência está enraizada no preço que esses homens e mulheres de Deus tiveram que pagar por sua revelação. Eles são os portadores da velha revelação e têm um profundo senso de responsabilidade por ela. Abandonar isso pode ser muito difícil.

O Primeiro Concílio de Jerusalém

O primeiro conselho dos apóstolos em Jerusalém, conforme descrito em Atos 15, é um dos nossos maiores exemplos de como lidar com novas revelações. Paulo e Barnabé foram enviados pelo conselho dos apóstolos para proclamar o evangelho aos pagãos. Enquanto viajavam pela Ásia, eles chegaram à conclusão de que a circuncisão não era mais necessária para novos convertidos. Na verdade, Paulo afirmou que, para cada pessoa que foi circuncidada, Cristo não seria nenhum lucro para eles.

> *Eu, Paulo, vos afirmo que Cristo de nada vos servirá, se vos deixardes circuncidar. E outra vez declaro solenemente a todo homem que se permite circuncidar, que ele, desse modo, fica obrigado a cumprir toda a Lei.*
>
> *Gálatas 5:2-3*

Um grande grupo de fariseus se juntou aos seguidores de Jesus em Jerusalém, mas quando Paulo voltou com esse ensino, eles ficaram furiosos. Paulo não era qualquer rabino. Os fariseus o consideravam com grande estima; afinal, ele se sentou aos pés de Gamaliel, uma qualificação de profunda influência em seus círculos. Não bastava se inscrever para se tornar um discípulo de Gamaliel.[14] A pessoa tinha que ser escolhida, e tinha que ser o melhor dos melhores. Alguns até arriscam que Paulo estava destinado a se tornar o novo líder dos fariseus um dia. Você entende agora por que eles ficaram tão zangados quando ele apresentou este ensinamento controverso?

---

14 Gamaliel era um rabino muito influente e presidia o Sinédrio. Ele era neto do famoso rabino Hillel, que tinha uma autoridade especial para explicar a Torá e era considerado com a mais alta estima. Os discípulos de Gamaliel eram, portanto, também muito influentes entre os fariseus.

> *Tendo eles chegado a Jerusalém, foram muito bem recebidos pela Igreja, pelos apóstolos e por todos os presbíteros, a quem relataram tudo o que Deus havia realizado por intermédio deles. Entretanto, alguns do grupo religioso dos fariseus, que tinham crido, levantaram-se protestando: "É necessário circuncidá-los e ordenar-lhes expressamente que observem toda a Lei de Moisés!"*
>
> Atos 15:4-5

O ponto de vista deles é muito compreensível. Afinal, a lei de Moisés afirmava claramente que os novos convertidos deveriam ser circuncidados.[15] Estava escrito em seu Tenach. No entanto, o Espírito Santo mostrou a Paulo que a circuncisão não beneficiaria os novos crentes. O ato da circuncisão seria, na verdade, um obstáculo, e não a liberdade para eles.

Esta é exatamente a questão. Em hebraico, Torá significa "instruções", e não "lei" como geralmente pensamos. Na Torá - os primeiros cinco livros do Antigo Testamento que foram dados a Moisés - encontramos as diretrizes para uma vida saudável, segura e, acima de tudo, santificada. A Torá é muito mais do que uma enumeração do que fazer e do que não fazer.

O Espírito Santo pode dar uma nova revelação que substitui a instrução escrita e ilumina as Escrituras com uma luz diferente. Muitos cristãos acham isso difícil, muitas vezes porque sua fé e suas escolhas na vida são baseadas em sua interpretação da letra da lei e não em um relacionamento vivo com o Criador. Isso, combinado com o medo do engano, é o terreno fértil para o espírito mais destrutivo que a humanidade já conheceu: o espírito religioso. Afinal, foi esse espírito que incitou os fariseus a matar Jesus.

Existe um risco envolvido quando vivemos em liberdade e fora da graça.[16] Cometeremos erros e alguns deles podem ter grandes consequências. Dito isso, não podemos evitar fazer escolhas. Quando não agimos porque tememos ser enganados, podemos mais tarde perceber que resistimos ao Espírito do Deus vivo. É por isso que Gamaliel deu esse conselho aos governantes do Sinédrio.

---
15   Êxodo 12:48
16   Veja *O Despertar da Graça* de Charles R. Swindoll, 1990.

Contudo, neste caso, vos advirto: afastai-vos destes homens e deixai-os seguir em paz. Pois, se a obra ou o propósito deles for de origem meramente humana, perecerá. Se, todavia, proceder de Deus não conseguireis jamais impedi-los, pois vos achareis em guerra contra Deus!"

Atos 5:38-39

Como Examinar Novos Insights?

Como, então, devemos lidar com essas novas percepções e revelações? Mencionei antes que a Bíblia é o fundamento de nossas vidas e nossas convicções. No entanto, o Espírito do Deus vivo pode nos dar percepções que dão vida a novos mistérios da Palavra de Deus. A vida de Paulo mostrava que ele andava intimamente com o Espírito Santo; eles concordavam.[17] Esta é uma união que você pode experimentar e é um marco, uma pedra de toque [18].

Como devemos julgar novos insights ou revelações para ver se eles são inspirados pelo Espírito Santo ou não? Um teste que se baseia em nossa interpretação da Palavra pode parecer adequado, mas a história mostra que as divisões de igrejas são causadas principalmente pelo apego à própria explicação das Escrituras.

É importante ser brutalmente honesto, especialmente quando olhamos para nós mesmos. Até que ponto lidamos com o medo do engano que está dentro do nosso DNA?[19] Quanta influência sua cultura tem em seu processo de tomada de decisão? Seus líderes espirituais influenciam seu pensamento? Às vezes, sabemos o que fazer, mas nossa insegurança e medo, ou as influências de nossa cultura ou comunidade, nos levam a escolher o contrário.

Em muitos aspectos, os ensinamentos de Jesus foram revolucionários. Todos tinham sua opinião, resultando em discussões acirradas. Quando Jesus foi questionado sobre a fonte de Seu ensino, Sua resposta foi surpreendente.

---

17   Atos 15:28
18   Pedra usada para testar metais preciosos.
19   O DNA é o portador de nossa informação hereditária. Nossa aparência, nosso caráter e nossas preferências são determinados principalmente por nosso DNA. Carregamos, em nosso DNA, as consequências das escolhas que nossos ancestrais fizeram.

Respondeu-lhes Jesus: "A minha doutrina não é minha, e sim, daquele que me enviou. Se alguém desejar fazer a vontade dele, conhecerá a respeito da doutrina, se ela vem de Deus ou se Eu falo por minha própria autoridade."

João 7:16-17

A única maneira de descobrir se Jesus está falando a verdade é fazer o que Ele diz. Só então descobriremos se Sua doutrina é ou não de Deus. Portanto, é impossível descobrir a verdade usando apenas o raciocínio. A razão, por definição, é uma atividade de nossa alma. Somente o espírito humano pode chegar ao profundo dos mistérios de Deus.[20] Você tem que descobrir por si mesmo antes de tomar uma decisão. Seria de partir o coração rejeitar uma revelação que Deus trouxe especificamente para o seu caminho.

A maneira como você investiga também é muito importante. Não tente provar que algo é errado ou simplesmente antibíblico. Investigue abertamente, como fizeram os bereanos. Usando as Escrituras, eles buscavam comprovar se o ensino de Paulo era verdadeiro. Se você não conseguir, continue tentando.

Os bereanos eram mais nobres do que os tessalonicenses, porquanto, receberam a mensagem com vívido interesse, e dedicaram-se ao estudo diário das Escrituras, com o propósito de avaliar se tudo correspondia à verdade.

Atos 17:11

Características Essenciais

Não seremos facilmente enganados quando permanecermos perto do Pai, do Filho e do Espírito Santo. Você pode usar as seguintes características para descobrir se uma nova revelação vem de Deus.

Quando caminhamos com o Pai, experimentamos Seu julgamento, santidade e justiça.

Mas Yahweh, o SENHOR dos Exércitos será exaltado em sua justiça; o Deus santo demonstrará a sua santidade em sua retidão.

20   1 Coríntios 2:13-16

Isaias 5:16

Ande com Jesus e tente descobrir se Suas características estão lá. Isso traz a verdade? Conduz você no caminho vivo para Deus?

Assegurou-lhes Jesus: "Eu Sou o Caminho, a Verdade e a Vida. Ninguém vem ao Pai senão por mim.

João 14:6

As características do Espírito Santo são justiça, paz e alegria. Quando essas características são fortalecidas pela revelação, você está no caminho certo.

Porquanto o Reino de Deus não é comida nem bebida, mas justiça, paz e alegria no Espírito Santo;

Romanos 14:17

Nosso adversário tem apenas um objetivo: destruir nosso relacionamento com Deus. Ele usa crenças ímpias que são alimentadas por nossos medos, mentiras em nossa mente e influências de nossa cultura.

Pergunte: Essa revelação me leva ao coração do Pai?

Pergunte: A verdade está se tornando pública e serei liberto quando agir de acordo com ela?

Pergunte: A revelação muda minha vida para melhor?

Pergunte: A revelação fortalece meu relacionamento com o Espírito Santo?

Você deve ter notado que a justiça é uma característica tanto do Pai quanto do Espírito Santo. Embora isso seja verdade, há uma diferença. A justiça do Pai é vista na posição do Juiz, como aquele que é o mantenedor da justiça. O Espírito Santo vê a justiça de nossa posição, como alguém que transgrediu a lei. Ele está suplicando em nosso nome ao Pai e dá a Ele os argumentos para nos dar justiça.

Quando você aprender a aplicar essas nove características, verá que o risco de se perder desaparecerá diante de seus olhos. Continue fazendo a si mesmo as perguntas que se baseiam nessas características divinas. Esta revelação traz a justiça de Deus para sua vida? A verdade de Cristo será revelada? Você experimenta a paz e a alegria do Espírito Santo?

Conclusão

Medite nesta revelação sobre as cortes do céu com a mente aberta, mesmo que você nunca tenha ouvido falar dela antes. Investigue e examine as Escrituras para provar se essa revelação é verdadeira. Essa é a atitude certa. A capacidade de chegar à sua própria conclusão é uma característica da maturidade. Quando novas revelações, novas maneiras de pensar ou mudanças na doutrina estão bombardeando a igreja, você não pode simplesmente esperar que seus líderes lhe deem uma resposta.

Como um filho ou filha de Deus maduro, você deve ser capaz de tomar decisões sobre sua própria vida. Isso é especialmente verdadeiro quando lidamos com assuntos que não são observados por nossos sentidos naturais. Você precisa ter um quadro de referência estável. Claro, você pode consultar seus amigos e líderes sobre suas conclusões, mas cada pessoa é responsável por sua própria caminhada com o Senhor.

À luz disso, aprenda a usar as pedras de toque, mencionadas neste capítulo. Em uma revelação sadia, não basta ter as características presentes, elas também devem estar em harmonia umas com as outras. Assim como afinar uma guitarra antes de começar a tocar, é importante afinar essas pedras memoriais. Lembre-se de que, às vezes, você só descobrirá depois se a decisão que tomou foi correta. Isso se chama caminhar por fé.

Não seja passivo. Procure um relacionamento vivo com Deus Pai, o Filho e o Espírito Santo. É a partir desse relacionamento que você receberá coragem para seguir em frente.

Você não pode presumir que novos insights estão errados apenas porque são novos. Alguém pode ter uma chave importante para sua vida. Aprenda a investigar. Vamos avançar em amor, aceitando e respeitando uns aos outros.

No próximo capítulo, discutirei a relação que temos com Deus como Juiz.

2

Precisamos que Deus seja nosso juiz

Antes de continuarmos a estudar as cortes do céu, é importante discutir o relacionamento que temos com Deus. Na Bíblia, vemos que Deus é chamado de nosso Pai, Amigo e Juiz. Robert Henderson explica isso em seu primeiro livro[21], sobre as cortes do céu. Os papéis de pai e juiz refletem alguém que está em uma posição de autoridade sobre nós, um conceito que pode ser difícil de abraçar para aqueles que tiveram uma experiência negativa com autoridade na vida. Mas todos nós temos alguém que está posicionado acima de nós, seja em nossa família, na escola ou em nosso trabalho, e às vezes resistimos a eles por causa das experiências negativas que tivemos com pessoas em posição de autoridade.

Nos últimos anos, muitas conferências e escolas do Coração do Pai foram realizadas na Holanda. Muitas pessoas experimentaram uma restauração em sua visão de Deus como seu pai. É uma grande bênção para o corpo de Cristo que a imagem de Deus como Pai esteja sendo restaurada.

Alguns acham difícil experimentar Deus como seu amigo, como alguém com quem podem compartilhar a alegria e as tristezas da vida. Eles podem até abraçar a ideia de Jesus como seu amigo, mas não conseguem ver Deus como seu amigo. Eles podem encontrar cura quando têm uma experiência pessoal do amor do Pai.

Mas agora olhamos para Deus como Juiz. Quando somos chamados a comparecer perante um juiz, alguns de nós ficam não apenas incomodados, mas também com muito medo. Parte disso tem a ver com nossa formação calvinista, onde nosso Deus é retratado como uma pessoa severa e irada. Este Deus está distante e está constantemente procurando os erros que cometemos em nossas vidas; acima de tudo, este é um Deus que devemos temer, aquele que está sempre pronto para derramar Sua ira sobre nós no momento em que fazemos algo

---

21 Operando nas Cortes Celestiais por Robert Henderson

errado. Essa linha de pensamento é expressa no provérbio holandês: "Deus pune imediatamente". Esse padrão de crença nos convence de que Deus constantemente nos lembra de nossas deficiências e falhas. Este Deus não é misericordioso de forma alguma.

Mas esta imagem de um governante zangado e que puni severamente não se parece em nada com o Criador. No entanto, essa perspectiva costuma estar profundamente arraigada em nossas emoções, até mesmo em nosso DNA. No momento em que ouvimos a palavra "julgamento", pensamos sobre a punição e tentamos aliviar nossa consciência culpada criando desculpas razoáveis.

Um dia, eu estava caminhando com um colega durante um intervalo do trabalho. Conversamos sobre muitas coisas, incluindo nosso trabalho e nossa fé. Durante a conversa, compartilhei com ele que havia pedido a Deus que me julgasse. Fiz isso porque queria saber o que Ele pensava da minha vida. Meu amigo ficou chocado, sinceramente chateado por eu ter ousado pedir algo assim a Deus. Meu amigo declarou que nunca faria tal pedido a Deus.

Muitos reagiriam da mesma forma que meu amigo. Assim que ouvem a palavra "julgar", ficam com tanto medo que se distanciam de Deus. Eles se escondem Dele assim como Adão e Eva fizeram.

> *Naquele dia, quando soprava a brisa vespertina, o homem e sua mulher ouviram o som da movimentação de* Yahweh *Deus, que estava passeando pelo jardim, e procuraram esconder-se da presença do SENHOR, entre as árvores do jardim. Mas o SENHOR Deus convocou o homem, indagando: "Onde é que estás?" O homem declarou: "Ouvi o som do teu caminhar no jardim e, vendo que estava nu, tive receio; por essa razão me escondi!"*
>
> *Gênesis 3:8-10*

Frequentemente nos comportamos da mesma maneira, um reflexo que passou por nossa linhagem e entrou em nosso DNA por meio de Adão. Nosso DNA é o portador de todas as informações hereditárias. Isso significa que virtudes e vícios são passados de pais para filhos. É por isso que nossos filhos costumam ter o mesmo comportamento que outros parentes, mesmo que nunca os tenham visto ou conhecido.

Entretanto, há uma saída para essa situação: o arrependimento e o sangue do Cordeiro. Confesse honestamente a Deus que você fica com medo quando o encara como juiz. Seja sincero sobre o medo que você experimenta quando tem a impressão de que está sendo julgado. Arrependa-se do medo da rejeição e do medo de ser punido.

Deus é Nosso Juiz

Se pensarmos calmamente nisso, veremos que é estranho sentirmos um medo tão arraigado de alguém de quem precisamos desesperadamente. Esta é uma das táticas do nosso adversário, Satanás. Ele conseguiu criar uma resistência profunda em nossas emoções para com o único Deus que é capaz de nos redimir. Nisto podemos aprender muito com Davi. Davi não tinha medo de Deus; em vez disso, Davi O viu como um lugar de refúgio.

> *O SENHOR é o meu penhasco e minha fortaleza, quem me liberta é o meu Deus. Nele me abrigo; meu rochedo, meu escudo e o poder que me salva, minha torre forte e meu refúgio. O SENHOR seja louvado! Pois clamei a Deus por livramento e estou salvo dos meus inimigos.*
>
> *Salmo 18:2-3*

Se alguém entendeu o que significa ser perseguido em sua inocência, esse alguém foi Davi. Quando menino, ele foi rejeitado por sua família. Na corte de Saul, ele foi inicialmente recebido com aplausos, mas no final, Saul tentou matá-lo. Embora ele fosse inocente, ele foi expulso. Durante toda a sua vida, seus inimigos tentaram constantemente matá-lo.

Por isso é que Davi clama a Deus como Juiz, para vindicá-lo.

Quando Davi está em apuros, ele invoca o nome do Senhor, e não apenas para ser consolado ou libertado de seus problemas. Não, acima de qualquer outra função, Davi se volta para Deus como Juiz; somente nessa capacidade Deus é capaz de ajudá-lo. Como Pai, Deus pode confortá-lo e, como Amigo, pode ajudá-lo nas batalhas de sua vida, mas somente como Juiz pode Ele justificá-lo contra seus inimigos.

Davi sabia que o reino de Deus era baseado em um sistema judicial. As leis e regulamentos de Deus autorizam tudo o que acontece no reino. Se você agir bem, receberá uma recompensa e, se transgredir, receberá uma reprimenda. É por isso que Davi clama a Deus como juiz - para vindicá-lo ou, se necessário, para condená-lo, expurgá-lo e purificá-lo.

Ó Deus, salva-me por teu Nome, e faze-me justiça por teu poder! Ouve esta minha oração, ó Deus meu; dá atenção às palavras da minha boca.

Salmo 54:1-2

Quando a injustiça é feita contra nós, precisamos de um juiz justo que nos vingará. Infelizmente, muitas vezes ficamos presos à convicção de que também somos de alguma forma culpados.

Se nossa consciência nos acusa ou condena, não ousamos nos aproximar de Deus como Juiz. Acreditamos nessas mentiras do inimigo e estamos presos em nossa miséria. Mas Deus nos convida para irmos juntos ao tribunal. Lá, seremos justificados. Você não deve mais permitir que o medo da punição, do engano e da condenação tenham poder sobre você.

"Mas eu — eu mesmo — sou o seu Deus e por isso perdoo os seus pecados e os esqueço. Meu povo, se você tem uma causa contra mim, vamos juntos ao tribunal! Apresente as suas provas, e veremos se você tem razão.

Isaías 43:25-26 (NTLH)

Cabe a você quebrar o poder que o inimigo tem sobre suas emoções. Supere esse medo indo a Deus nosso Pai, confessando que acha difícil vê-lo como seu Juiz. Peça a Ele para ajudá-lo a superar esse medo. Então você será capaz de se aproximar de Deus como Juiz com um coração destemido e confiante naquele que o justifica.

O Senhor, o Justo Juiz

No momento em que entendemos que nossa redenção é o resultado direto de uma ordem judicial, nosso temor a Deus como Juiz desaparece. Todas as exigências legais necessárias para a reconciliação do homem com Deus foram cumpridas pelo sacrifício de Jesus na cruz. A única base legal sobre a qual Satanás tem que nos atacar são nossas próprias transgressões da lei e dos regulamentos de Deus. O próprio Jesus não disse que quando Satanás vier, ele não encontrará nada? O governante deste mundo não conseguiu encontrar nenhum fundamento legal em Jesus porque Ele nunca pecou. Ele nunca havia transgredido os mandamentos de Seu Pai, Seu Rei e Seu Juiz.

> *Eu não vou continuar a falar muito mais convosco, pois o príncipe deste mundo está chegando. Ele não tem direito e nada pode sobre mim; ainda assim, é vital que o mundo saiba que Eu amo o Pai, e cumpro as ordens que o Pai me deu. Levantai-vos e partamos daqui!*
>
> João 14:30-31

Por este motivo é que Satanás não podia fazer nada contra Ele. Essa é a razão pela qual a Bíblia especifica que Sua hora ainda não havia chegado. Somente depois que Jesus levou sobre Si todos os pecados da humanidade, e que Satanás ganhou o direito legal de torturá-Lo e matá-Lo. Até então, ele não podia fazer nada a Jesus.

A humanidade caiu sob o domínio do maligno pelo pecado de um homem. A redenção da humanidade, por outro lado, foi o resultado da obediência de um homem.[22] Deus obteve o direito legal de nos absolver da morte pelo sacrifício de Jesus Cristo. Precisamos entender que nossa justificação, nossa restauração e nossa cura só puderam acontecer porque houve um veredicto do justo Juiz. Este veredicto diz: "Porque o Filho de Deus, Jesus Cristo, tomou todos os pecados sobre Si, você está justificado de toda culpa."

A única coisa necessária para ativar esse veredito do Juiz é reconhecer Jesus como Senhor de nossas vidas. E assim, confessarmos que estamos crucificados com Ele, morremos com Ele, e com Ele ressusci-

---

[22] Romanos 5:12-19

taremos dos mortos.

> *Pois temos conhecimento de que a nossa velha humanidade em Adão foi crucificada com Ele, a fim de que o corpo sujeito ao pecado fosse destruído, para que nunca mais venhamos a servir ao pecado. Porquanto, todo aquele que morreu já foi justificado do pecado.*
>
> Romanos 6:6-7 (ASV)

Somos justificados do pecado. Isso significa que o pecado não tem poder legal sobre nós. Quando confessamos nossos pecados, o maligno não tem mais poder sobre nós. Ele não pode fazer mais nada para nós. É muito importante que entendamos que o status legal "justificado do pecado" está diretamente conectado à confissão dos pecados em nossas vidas. Enquanto esconderemos nossos pecados e nos calarmos sobre eles, Satanás tem o direito legal de nos atacar. É por isso que Davi disse que sua liberdade veio depois de sua confissão.

> *Confessei-te o meu pecado, reconhecendo minha iniquidade, e não encobri as minhas culpas. Então declarei: Confessarei minhas transgressões para o SENHOR, e tu perdoaste a culpa dos meus pecados. Dessa maneira, todos os que têm fé orem a ti, enquanto podes ser encontrado; quando as muitas águas se levantarem, elas não os alcançarão.*
>
> Salmo 32:5-7

Quando Deus perdoa nossos pecados como Juiz, Ele dá um veredicto e nos justifica do pecado. Afinal, o adversário nos acusa dia e noite.[23] Você percebe que, quando confessamos nossos pecados, essa confissão é registrada em uma corte celestial?

O perdão de nossos pecados está diretamente ligado à nossa confissão. Enquanto estivermos em silêncio, nosso adversário terá poder sobre nós. Jesus não diz que, quando estamos a caminho de um tribunal com nosso adversário, devemos concordar com ele rapidamente?[24] Esta é a razão pela qual João nos chama para confessar nossos pecados imediatamente, porque temos um advogado no céu que pleiteia por nós.

---

23 Apocalipse 12:10
24 Mateus 5:25-26

> *Se declaramos que não temos pecado algum enganamos a nós mesmos, e a verdade não está em nós. Se confessarmos os nossos pecados, Ele é fiel e justo para nos perdoar todos os pecados e nos purificar de qualquer injustiça. Se afirmarmos que não temos cometido pecado, nós o fazemos mentiroso, e sua Palavra não está em nós. Caros filhinhos, estas palavras vos escrevo para que não pequeis. Se, entretanto, alguém pecar, temos Advogado[25] junto ao Pai, Jesus Cristo, o Justo; e Ele é a propiciação pelos nossos pecados e não somente por nossas ofensas pessoais, mas pelos pecados de todo o mundo. Em Cristo e separados do mundo*
>
> 1 João 1:8-2:2

Jesus conhece a batalha que estamos lutando contra o pecado; Ele mesmo lutou a mesma batalha e não cedeu. Paulo nos mostra algo sobre essa batalha em Romanos 7. Ele nos fala sobre a luta que está enfrentando dentro de si. Ele deseja desesperadamente obedecer à lei, mas falha todas as vezes. Então ele grita: "Desventurado homem que sou! Quem me livrará deste corpo de morte?" Sua resposta é: "Jesus Cristo, nosso Senhor". Nosso status legal mudou; somos absolvidos pelo Juiz! Não estamos mais condenados.

> *Portanto, agora nenhuma condenação há para os que estão em Cristo Jesus, que não andam segundo a carne, mas segundo o Espírito.*
>
> Romanos 8:1(ACF)

Deus não toma partido

O que devemos entender é que comparecemos no tribunal do Deus Todo-Poderoso. É o tribunal Dele. Ele é o Juiz, nós não. Nós nos aproximamos dele porque a injustiça foi feita contra nós. As emoções podem ser intensas; podemos ficar extremamente zangados ou tristes. Mas não cometa o erro de pensar que Deus, como Juiz, será persuadido a ficar do nosso lado ou governar a nosso favor apenas porque nos ama. Ele não toma partido; quando Ele está sentado em Seu trono, Ele

---

[25] No texto grego, lemos aqui paraklétos, advogado, consolador e ajudador. Esta é a mesma palavra pela qual o Espírito Santo é chamado em João 14: 16,24.

é completamente imparcial.

> *Pois* Yahweh, *vosso Deus, é o Deus dos deuses e o Soberano dos soberanos, o Único e grandioso Deus, poderoso e temível, que não age com parcialidade nem aceita presentes e ofertas para torcer a justiça. Ele defende a causa do órfão e da viúva e ama o estrangeiro, provendo-lhe alimento e vestimenta.*
>
> Deuteronômio 10:17-18

Há uma grande diferença entre a compaixão que Deus tem por nós como Pai e a maneira como Ele exerce a justiça. Seus julgamentos são baseados em Sua legislação, nos testemunhos e nas evidências apresentadas no tribunal, e não porque Ele tem apreço por nós. O Seu desejo é fazer justiça e nos livrar do acusador. Essa é a sua paixão, que é o seu amor em ação. Portanto, é fundamental perceber que mesmo que Deus não tome partido a nosso favor, devemos escolher o lado Dele.

> **É fundamental perceber que mesmo que Deus não tome partido a nosso favor, devemos escolher o lado Dele.**

O Espírito Santo intercederá por nós quando aparecermos diante Deus. Ele nos ajudará a entender melhor a posição que Deus tem como Juiz. Teremos que concordar com Deus e reconhecer que Ele julga com um julgamento justo. Quando concordamos com Deus sobre a injustiça que foi feita a nós, bem como nossa parte nela, seremos absolvidos de todas as acusações.

O papel de Satanás como acusador

Você sabia que Jesus não falava grego com seus discípulos, mas aramaico? Essa era a linguagem contemporânea naquela época. Os escritores dos Evangelhos eram pessoas comuns que não receberam nenhuma educação especial. Portanto, é plausível que os Evangelhos tenham sido escritos primeiro em aramaico e mais tarde traduzidos para o grego. Ao fazer isso, as boas novas tornaram-se disponíveis para um público maior. Isso também acontece hoje. A língua contemporânea na

Internet é o inglês e não o suaíli.

Muitos de nós estamos familiarizados com a Oração do Senhor; é a oração que Jesus ensinou a Seus discípulos quando Lhe perguntaram como deveriam orar. Nesta oração está uma frase familiar que conhecemos bem, mas quando você a lê em aramaico, ela pode ter um significado completamente diferente. No meio da oração do Senhor, Jesus diz o seguinte:

> *E não nos conduzas à tentação, mas livra-nos do Maligno.*
> Mateus 6:13

A palavra grega para tentação é *peirasmon*. Este grego é uma tradução da palavra aramaica judaica original *mishaonah*. Esta palavra pode significar "tentação", mas também significa "julgamento, o tipo legal em um tribunal." Em vez de pedir a Deus que não nos tente, podemos ler isso de maneira muito diferente. Pedimos a Deus que não nos leve a julgamento, ou seja, não tome ações legais contra nós por causa de nossos pecados.

Na segunda parte deste versículo, pedimos a Deus que nos livre do mal. Quando continuamos com as imagens do tribunal de justiça, também podemos ler isso como um pedido ao juiz. Livra-me do acusador. Na tradição judaica, Satanás não era o governante de todos os males. Ele não era conhecido como o príncipe das trevas, mas como um anjo caído, obediente a Deus e subserviente a ele.

Seu trabalho era agir como advogado da promotoria como acusador. Foi ele quem apresentou as acusações ao tribunal do céu. Quando comparecermos ao tribunal, nossos pecados serão examinados. Tudo o que fizemos foi testado de acordo com as leis e regulamentos do reino dos céus. Era tarefa de Satanás apresentar a evidência de nossos pecados perante o Juiz. Quando usamos a explicação[26] desta versão, podemos lê-la assim:

> *E não nos leve a julgamento, mas livra-nos do acusador.*
> Mateus 6:13 (Tradução do aramaico)

---

26   O original *Pai Nosso* em Aramaico: https://youtu.be/i8IJOgMVE1Q?t=4m50s

Tanto em hebraico como em grego, satanás significa "acusador ou adversário". Ele é quem nos acusa dia e noite diante de nosso Deus.[27] Ele está constantemente procurando evidências que testifiquem contra nós. Ele pesquisa os dossiês celestiais, onde tudo o que aconteceu em nossas vidas, as iniquidades em nossa linhagem e até mesmo nossos pensamentos e considerações são registrados. Esses são os dossiês onde tudo o que fizemos na terra está registrado e pelos quais seremos julgados.

> *Vi também os mortos, grandes e pequenos, em pé diante do trono e alguns livros foram abertos. Então, abriu-se um outro livro, o Livro da Vida, e os mortos foram julgados pelas observações que estavam registradas nos livros, de acordo com as suas obras realizadas.*
>
> Apocalipse 20:12

Pagando as contas em dia

Por isso que é tão importante entender que temos um Advogado que intercede por nós. Jesus Cristo intercede por nós nas cortes do céu. Precisamos apenas confessar nossos pecados para sermos absolvidos de nossos pecados. Quando confessamos nossas transgressões, o sangue do Cordeiro pode operar por nós. Naquele mesmo momento, todos os nossos pecados são apagados de todos os dossiês celestiais.[28] Mas qualquer pecado que ocultemos conscientemente será apresentado pelo acusador como prova perante o Juiz. Este é o motivo pelo qual Jesus está nos exortando a concordar rapidamente com nosso adversário. Porque, quando estivermos perante o Juiz e ainda houver uma conta aberta, isso terá consequências para nós.

Quando vamos voluntariamente ao tribunal para confessar nossos pecados, o acusador nada pode fazer contra nós. O sangue de Jesus nos protege contra suas acusações. Mas quando nos calamos e racionalizamos nossos pecados, o adversário tem evidências suficientes para nos condenar.[29]

---

27 Apocalipse 12:10
28 Atos 3:19
29 Mateus 5:25-26

Não deixe chegar a este ponto! Pague as contas em dia. Concorde rapidamente e acerte as coisas quando alguém tiver algo contra nós. Não deve haver razão para ter medo de comparecer perante o juiz quando vivemos nossas vidas assim. Afinal, sabemos que o sangue de Cristo fala melhor do que o de Abel.[30] O sangue de Abel falou da terra a Deus e clamou por vingança e justiça. [31]O sangue do Cordeiro, porém, fala do céu. Ele clama por nós e pede perdão porque não tínhamos consciência plena do que estávamos fazendo.

Conclusão

Separar Deus como Juiz e Deus como Pai é impossível. Afinal, Deus é um. Ele reina de Seu trono e vem até nós no frescor do dia para ser nosso pai. Assim como podemos aprender a experimentar Deus como nosso Pai, também podemos aprender a experimentá-Lo como Juiz. Este juiz não é corrupto e não é contra nós. Não, Ele é um juiz justo que odeia o falso testemunho. O que pode ser melhor do que ter um Juiz que nos favorece, que também é nosso Pai, nosso Amigo, e que está disposto a nos ajudar em nossa batalha jurídica contra nosso adversário? Ainda mais, Seu Filho é nosso maravilhoso Conselheiro, que pleiteia por nós diante do trono. Vamos escolher Seu lado e reconhecer que Ele é absolutamente imparcial. Assim como Isaías fez, vamos ao perfeito Deus Triúno que é por nós.

Pois Yahweh é o nosso Juiz, o SENHOR é nosso Legislador, o Eterno é o nosso Rei; é ele que nos vai salvar.

Isaías 33:22

No próximo capítulo, veremos exemplos da Bíblia de quando um tribunal está em sessão.

---

30 Hebreus 12:24
31 Gênesis 4:10

3

As Cortes do Céu na Bíblia

Nos últimos anos, muitos novos insights sobre a estrutura do céu foram colocados à disposição da igreja. Devemos isso especialmente aos ensinamentos que Ian Clayton recebeu na última década sobre a forma como o governo do reino dos céus é estruturado.[32] Um elemento importante de qualquer forma de governo é a maneira como a administração da justiça é regulamentada.

Quanto mais eu estudava esse assunto, mais parecia que tinha uma Bíblia completamente nova em minhas mãos. Encontrei referências sobre os sistemas de tribunais celestiais em muitos lugares e de repente tive uma compreensão clara de que o governo de Deus é um governo eterno baseado em um sistema legal.

> Ele será descendente do rei Davi; o seu poder como rei se multiplicará sobremaneira, e haverá plena paz em todo o seu Reino. As bases do seu governo serão a verdade e a justiça, desde agora e para sempre, o zelo o Yahweh, o SENHOR dos Exércitos, fará com que tudo isso se realize!
>
> Isaías 9:7

Os fundamentos de Sua autoridade são retidão e justiça. Quando você percebe que Deus, como Rei, também é o Juiz de Sua criação, esta verdade lhe dará um entendimento completamente novo.

Quando se trata da interpretação da Torá, Rashi é um dos rabinos de maior autoridade neste campo.[33] Conseqüentemente, ele traduz a palavra hebraica Elohim como "Deus, o Juiz". Em seu comentário[34] sobre as três primeiras palavras da Bíblia em Gênesis 1: 1, Rashi explica da seguinte maneira: "Quando (Deus, o Juiz) criou pela primeira vez."

---

[32] Veja o website de Ian Clayton para mais informação: www.sonofthunder.org.
[33] Rashi viveu na França de 1040 a 1105. Seu comentário sobre a Torá tem ocupado um lugar central na educação judaica nos últimos 900 anos.
[34] The Mystery of Creation according to Rashi, Moznaim Publication Corporation.

Com esta declaração, a Torá prova que o fundamento da criação está embutido na retidão. Justiça é a substância, a essência e o fundamento sobre o qual esta criação está assentada.

Como mencionamos anteriormente, a criação é equilibrada para a mente judaica. A fim de equilibrar o Deus criador que é Juiz, também deve haver outro Deus criador. Essa faceta de equilíbrio do Senhor aparece em Gênesis 2: 4. O nome hebraico SENHOR é indicado por quatro letras hebraicas: JHVH. Rashi nos diz que este nome significa: "Deus, o misericordioso".[35] A Torá expressa que o governo do Deus Todo-Poderoso sobre Sua criação está enraizado na justiça, na misericórdia e na graça. Podemos agora entender o que João quis dizer quando disse que Jesus veio em graça e verdade?

> *Porquanto a Lei foi dada por intermédio de Moisés; mas a graça e a verdade vieram através de Jesus Cristo.*
>
> João 1:17

A Torá foi dada por Deus a Moisés, mas não foi cumprida. Jesus Cristo, que veio em graça e verdade, cumpriu a Torá. A Torá contém as características essenciais dos sistemas jurídicos no céu. Aí estão as diretrizes, instruções e as consequências.[36] Esses são os alicerces de Seu governo, mas também há graça e verdade, e elas vêm por meio de Jesus Cristo. É por isso que Ele é chamado de nosso advogado, nosso advogado.

Cristo veio para restaurar o equilíbrio na criação. Além da voz no céu que clama por justiça, agora há também uma voz na terra. Esta voz clama por misericórdia e traz a verdade. Sem misericórdia e verdade, não existe governo justo. É fundamental que entendamos que o Deus Todo-Poderoso não pode transgredir Suas próprias leis e regulamentos. No momento em que Ele não guarda Suas próprias leis, o fundamento de Sua autoridade e governo é quebrado. Naquele momento, Ele teria que abdicar de Seu trono.

Conceitos bíblicos como "a arca do Testemunho", "o Conselho do Senhor" e "cancelou a cobrança de nossa dívida legal na cruz"[37] gan-

---

35   The Mystery of Creation de acordo com Rashi, Moznaim Publication Corporation, 1982.
36   Torah significa instruções
37   Êxodo 26:33-34; Isaías 19:17; Colossenses 2:14

ham um significado totalmente diferente quando você os vê no contexto de uma sessão do tribunal. Talvez agora entendamos por que Deus odeia uma testemunha falsa; é por isso que Ele escreveu toda uma lei sobre isso.[38]

> **É fundamental que entendamos que o Deus Todo-Poderoso não pode transgredir Suas próprias leis e regulamentos.**

Agora faremos uma jornada pela Bíblia estudando alguns exemplos dos sistemas de tribunais no céu. Isso nos dará uma visão melhor de como o governo do reino dos céus está estabelecido. Com isso, aprenderemos a preparar nosso próprio processo judicial, o que é um dos principais objetivos deste livro. Devemos saber que existe um Deus no céu que nos justificará quando pedirmos a Ele que o faça.[39]

A Visão de Daniel

Vamos começar nossa jornada no livro de Daniel, capítulo 7. Daniel descreve uma visão onde ele vê uma corte em sessão e livros são abertos.

> *Enquanto eu, pasmo, admirava esses animais, eis que tronos foram trazidos, e um ancião pleno de dias se assentou. Suas roupas eram brancas como a neve; e seus cabelos alvos como a pura lã. Seu trono estava todo envolvido por labaredas de fogo, e as rodas do trono eram chamas ardentes. De diante dele, brotava e fluía um rio de fogo. Milhares de milhares o serviam; milhões e milhões prostravam-se diante dele. Então o Tribunal deu início ao julgamento, e todos os livros foram abertos.*
> Daniel 7:9-10

Podemos aprender muito sobre o funcionamento de uma corte celestial estudando essa passagem com precisão. Primeiro, vemos que os tronos estão sendo colocados no lugar. Um trono indica uma posição

---

[38] Êxodo 23::1-13
[39] Deuteronômio 10:18, 32:36; 1 Reis 8:49; Miquéias 7:9; Lucas 18:1-9.

de autoridade; é um lugar onde as leis são estabelecidas, um lugar de governo e administração da justiça. As decisões são tomadas e as ordens são dadas.

Mas também é um lugar onde os casos são julgados. Veredictos são proferidos, às vezes até penas de morte. Leis são aprovadas ou revogadas. Pense no discurso do Estado da União quando o Presidente dos Estados Unidos declarar as políticas do governo para o próximo ano. Na Holanda, o rei faz isso todos os anos na terceira terça-feira de setembro no Knight's Hall em Haia. É a única vez em que ele realmente se senta em seu trono.

Daniel não vê um trono em sua visão, ele vê mais. É um tribunal pleno com vários juízes que, juntos, são qualificados para proferir um veredicto. Vemos, portanto, que a decisão de tirar o domínio dos animais é tomada por todos os juízes; é uma decisão conjunta.

Daniel vê chegando alguém que é descrito como o Ancião dos Dias. Na minha interpretação, este é o Todo-Poderoso, Deus Juiz, Criador dos céus e da terra, o Eterno. O trono do Ancião dos Dias é diferente dos outros tronos. Existem chamas de fogo e rodas de fogo ardente carregando este trono. Há também um rio de fogo fluindo debaixo deste trono que vai antes dele.

> *O SENHOR reina! Exulte a terra toda, e alegrem-se até as pequenas ilhas mais distantes! Nuvens inescrutáveis e espessas o circundam, retidão e justiça são o alicerce do seu trono. Diante dele alastra-se o fogo, devorando ao redor seus adversários.*
> *Salmo 97:1-3*

Este é o trono onde o Senhor governa sobre Seus inimigos. Ele julga com retidão e justiça e os veredictos estão sendo executados pelo fogo. Daniel então vê milhões de seres que O servem e centenas de milhões de testemunhas diante do trono. Imagino que também estejamos diante de Seu trono, não para sermos julgados, mas para ver com nossos próprios olhos que os veredictos estão sendo executados sobre nossos inimigos.

> *E eu continuava contemplando minhas visões noturnas, quando vi que alguém semelhante a um ser humano vinha nas nuvens do céu. Ele se deslocou em direção ao ancião bem idoso e foi conduzido à sua presença.*
>
> *E foi-lhe outorgada toda a autoridade, glória e posse do Reino, para que todos os povos, nações e línguas o adorem e o sirvam; o seu domínio é domínio eterno, que jamais terá fim; e o seu Reino jamais será destruído.*
>
> *Daniel 7:13-14*

Ele nos diz que alguém como o Filho do Homem vem com as nuvens do céu e é apresentado ao Ancião de Dias. Eu acredito que Daniel está descrevendo a ascensão de Jesus vista do céu. Depois que Jesus cumpriu Seu destino na terra, Ele foi levado perante o trono do Ancião de Dias. Lá Ele recebeu a recompensa pelo grande esforço que havia feito.

É notável que Daniel veja um evento no céu que acontecerá na terra seiscentos anos depois. Nossa dimensão terrena de tempo parece diferente nas dimensões celestiais. Daniel podia ver coisas que ainda precisavam acontecer na terra. O que vemos é que a honra dada a Jesus é o resultado de uma decisão do conselho que foi tomada neste tribunal. Afinal, vemos que o tribunal estava em sessão e que os livros estavam sendo abertos. Tudo o que está sendo discutido aqui é baseado nas coisas que foram escritas nos livros do céu.

Jesus veio à Terra porque havia um livro no qual a vontade de Deus para Sua vida estava escrita.[40] Quando Ele apareceu diante do trono do Ancião de Dias, tudo o que Ele havia feito na terra foi julgado com base no que estava escrito nos livros.

A redenção da humanidade só poderia ocorrer se todos os requisitos da Torá fossem cumpridos. A única instituição que pode julgar se este for o caso é o conselho do Senhor. Só posso receber minha salvação, meu perdão de pecados, minha cura e minha restauração quando há um veredicto legal. Isso é o que Daniel está observando. Jesus está perante o Juiz de todos e um veredicto é dado sobre tudo o que Ele fez na terra.

---

40   Hebreus 10:7, Salmo 139:16.

3 | As Cortes do Céu na Bíblia

Jesus cumpriu todos os requisitos da Torá? Ele obteve legalmente o direito de trazer a reconciliação por todos os pecados da humanidade? Tudo o que Jesus fez na terra, cada conversa e pensamento, foi escrito nos livros do céu. É por isso que os livros estão sendo abertos porque tudo o que está escrito neles é usado como prova na sessão do tribunal.[41]

Não é de se admirar que Daniel fique comovido nas profundezas de seu espírito ao observar essa visão. Ele vê a restauração da realeza, não apenas para o Filho de Deus, mas para todos os santos. O tribunal que Daniel descreve é um tribunal que justificará todos os santos. Este tribunal tem competência para nomear reis e destroná-los.

> *Até que veio o Ancião maior, 'Attïq yômïn, rico em dias, e todo o juízo foi executado a favor dos santos de Elyôn, o Altíssimo; e chegou o tempo em que os santos tomaram posse do Reino a eles confiado.*
>
> Daniel 7:22

O livro de Daniel descreve a posição de Daniel nas cortes dos reis da Babilônia. Em seus diálogos com o rei Nabucodonosor, apenas uma pergunta permaneceu: Quem tem o verdadeiro poder na terra? Daniel sabia que existe um tribunal no céu e todos os poderes da terra devem obedecê-lo. O que acho mais interessante é que o nome Daniel significa: "Deus é meu juiz" ou "juiz de Deus". É esta a razão pela qual Daniel, acima de qualquer outro profeta, recebeu um entendimento tão profundo das cortes do céu?

> *Mas o Tribunal se reunirá para o devido Juízo e todo o seu poder lhe será extirpado e aniquilado para sempre. E assim, o domínio, o poder e a grandeza dos reinos que há debaixo de todo o céu serão colocados nas mãos da multidão dos santos, o povo de Elyôn, o Altíssimo. E o reino de Deus será um reino sem fim, e todos os governantes e domínios o adorarão, obedecerão e servirão eternamente!'*
>
> Daniel 7:26-27

Esta passagem está falando sobre um tribunal onde estão sendo

---

[41] Apocalipse 20:12

proferidos veredictos que têm consequências para toda a vida na terra. Acredito que esta seja uma descrição da mais alta corte do reino dos céus. Este tribunal é chamado de Conselho do Senhor.

O Conselho do Senhor

Em várias passagens, a Bíblia menciona um tribunal muito especial chamado Conselho do Senhor, também conhecido como a congregação dos poderosos.[42] Assim como existem diferentes tipos de agências governamentais e tribunais na terra, também existem diferentes tipos de órgãos governamentais e tribunais na dimensão celestial. No entanto, existe uma grande diferença entre o céu e a terra.

Na terra, os poderes judiciais estão nas mãos de um governo caído e corrupto. Enquanto o reino dos céus não se manifestar em toda a sua glória na terra, a corrupção e o abuso de poder ainda podem estar presentes. É por isso que, em nossa sociedade, os poderes legislativo, executivo e judiciário estão separados. O poder de governar está acomodado em diferentes instituições. Vou falar mais sobre isso depois.[43]

Talvez você conheça o ditado: O poder corrompe. O poder absoluto corrompe absolutamente. Embora isso possa ser verdade na terra, definitivamente não é verdade no céu.[44] Deus é chamado de Todo-Poderoso. Jesus recebeu todo o poder no céu como na terra. No entanto, ambos estão longe de serem corrompidos. Seu poder é justo e correto. É por isso que os poderes legislativo, executivo e judiciário podem estar nas mãos de um tribunal e até mesmo nas mãos de uma pessoa.

A palavra hebraica sod significa "conselho, intimidade e conselho secreto". Yasod é o hebraico para o Conselho secreto do Senhor. Deus como "Juiz de todos" dá a Seus conselheiros, os filhos de Deus, a oportunidade de aconselhá-Lo sobre Suas intenções antes de tomar uma decisão. Esta é uma característica muito importante do nosso Deus. É Seu desejo que estejamos envolvidos no governo de Seu reino. Ele quer ouvir nossa opinião antes de tomar uma decisão. Podemos ler sobre isso no livro de Jó, nos Salmos e em Jeremias.

---

42   Salmo 82
43   Página 64
44   Mateus 28:18

3 | As Cortes do Céu na Bíblia

> *Ou apenas a ti fora revelado os princípios secretos de Deus? E só a ti pertencem o conhecimento e a sabedoria?*
>
> *Job 15:8*

> *Porquanto quem dentre eles esteve no Conselho do SENHOR para que contemplasse e ouvisse a sua Palavra, ou quem esteve atento e compreendeu a sua Palavra a fim de obedecê-la?*
>
> *Jeremias 23:18*

As decisões tomadas neste Yasod - este Conselho do Senhor - impactam toda a criação. Mais do que isso, as decisões tomadas aqui são a base de toda a nossa existência. Afinal, é neste Conselho que foi tomada a decisão de criar o gênero humano à imagem do Criador.

> *Então Deus determinou: "Façamos o ser humano à nossa imagem, de acordo com a nossa semelhança. Dominem eles sobre os peixes do mar, sobre as aves do céu, sobre os grandes animais e todas as feras da terra, e sobre todos os pequenos seres viventes que se movem rente ao chão!"*
>
> *Gênesis 1:26*

Aprendi que "Façamos" neste versículo se refere ao Deus triúno - o Pai, o Filho e o Espírito. Foi sua decisão criar a raça humana. Mas a interpretação judaica lança outra luz sobre este versículo. Os rabinos nos dizem que este versículo está expressando a humildade de nosso Deus. [45] Antes de começar a criar a raça humana, Ele consultou Seu grupo de conselheiros que estava reunido em um tribunal. Muito mais pode ser dito sobre este conselho, mas isso está fora do escopo deste livro. Em um capítulo posterior, me aprofundarei nas decisões que são tomadas neste conselho. [46]

O livro de Amós nos mostra um aspecto diferente do Conselho do Senhor. Esse aspecto tem a ver com a função que os profetas de Deus têm no reino dos céus. É sua tarefa falar na terra as palavras que o Supremo falou no Yasod. Os profetas do Senhor têm o privilégio de ouvir o conselho do Senhor no Yasod e transmiti-los.

---

45   *The Mystery of Creation* de acordo com Rashi, Moznaim Publication Corporation, 1982.
46   Página 93

Certamente o Senhor Deus não fará coisa alguma, sem ter revelado o seu segredo aos seus servos, os profetas. Bramiu o leão, quem não temerá? Falou o Senhor Deus, quem não profetizará?

Amós 3:7-8

A palavra "segredo" neste versículo é a palavra hebraica sod. Neste lugar, Deus está compartilhando Seus segredos com Seus profetas. Agora veremos quais palavras o profeta Micaías ouviu neste Concílio.

A visão do profeta Micáias

Micaías é um profeta que foi convocado aos portões de Samaria pelos reis de Israel e Judá para aconselhá-los sobre assuntos de estado. Naquela época, era costume os profetas e videntes aconselharem os reis sobre importantes decisões políticas e militares. Esta é uma das atribuições dos profetas. O rei Josafá e o rei Acabe planejavam guerrear contra o rei da Síria para recuperar um pedaço de terra.

Todos os quatrocentos profetas da corte do rei Acabe e Jezabel profetizaram que os reis teriam sucesso na batalha. Mas o rei Jeosafá não confiava neles. Ele perguntou se havia outro profeta e, então, Micaías foi chamado. O mensageiro encarregado de levar Micaías aos reis disse a Micaías o que todos os outros profetas haviam profetizado, mas Micaías respondeu que ele falaria apenas as palavras que o Senhor falara a ele.

Micaiah's first counsel to the kings matched the words of the other prophets, but King Ahab became furious. He knew that Micaiah tricked him. It was then that Micaiah told them what he really saw.

3 | As Cortes do Céu na Bíblia

> *E Micaías acrescentou: "Ouve a Palavra de* Yahweh*! Vi o SENHOR assentado no seu trono, e todo o Exército celestial em pé junto a ele, à sua direita e à sua esquerda. Então* Yahweh *indagou: 'Quem enganará Acabe a fim de que ataque Ramote-Gileade e encontre a morte lá?' E alguns anjos davam uma interpretação, mas outros sugeriam ideias diferentes, até que, finalmente, um espírito colocou-se diante de* Yahweh *e declarou: "Sou eu que haverei de enganá-lo!" E* Yahweh*, o SENHOR, lhe questionou: "De que modo pretendes realizar isso?" Ao que ele respondeu: "Eu sairei e serei um espírito mentiroso na boca de todos os profetas do rei". Ao que* Yahweh*, o SENHOR afirmou: "Tu o enganarás e ainda prevalecerás; sai e faze o que deves fazer!"*
>
> 1 Reis 22:19-22

Aqui vemos que o Senhor também está tomando decisões que influenciam a Terra a partir de Seu trono. Durante esta sessão do tribunal, os conselheiros estão à direita e à esquerda do trono. A discussão não é um debate sobre decidir se Acabe morreria ou não em Ramoth. Não, a discussão deles é sobre a maneira como será executado.

Micaías descreve com muita precisão o que ele observou no céu. Ele pinta uma gravura do Rei Todo-Poderoso pedindo conselho a respeito de uma decisão importante. Os presentes são convidados a apresentar as suas ideias. Será que as coisas que estão acontecendo na terra são uma sombra real das coisas que estão acontecendo no céu?

Vemos em Samaria que o rei Josafá e Acabe também estão sentados em seus tronos. Eles também pedem conselhos sobre assuntos importantes do estado. Podemos concluir desta passagem que os eventos na terra são uma sombra dos eventos no céu. Existem mais referências na Bíblia onde vemos que o que acontece no céu também está acontecendo na terra. Essa observação pode nos ajudar tremendamente, especialmente quando nos falta experiência em observar o que está acontecendo na dimensão espiritual. Quando estudamos as situações na terra, somos capazes de ter uma ideia do que está acontecendo no céu.

As coisas não acabaram bem para Micaiah. O rei Acabe disse que Micaías seria lançado na prisão até que ele, Acabe, voltasse em segurança da batalha, provando que Deus não falara por meio de Micaías.

Mas o rei Acabe morreu e não voltou. Micaiah havia falado a verdade. É provável que esse profeta tenha passado o resto de sua vida na prisão. O preço que os profetas de Deus pagam pela honra de ser um oráculo na terra para o Conselho do Senhor pode ser muito alto.

O caso judicial de Jó

A maioria das pessoas conhece a história de Jó. Ele era uma pessoa justa e piedosa que perdeu abruptamente tudo o que possuía e amava. E se isso não bastasse, ele também ficou muito doente e foi expulso de sua comunidade. Muitos encontram conforto na história de Jó porque, no final, tudo acabou bem.

Mas esta é a história do que estava acontecendo na superfície. Há muito mais coisas acontecendo neste livro. Na verdade, o livro de Jó é a história de um processo judicial entre Deus e Satanás. Desde o início, vemos essa discussão legal acontecendo entre Deus e satanás.

> *Certo dia os anjos, isto é, os filhos de Deus, vieram apresentar-se perante* Yahweh, *o SENHOR, e* Satan, *o Acusador, aproximou-se também junto com eles. Então* Yahweh *questionou a Satanás: "De onde vens?" E Satanás deu-lhe a seguinte resposta: "De perambular pela terra e ir e vir pelos caminho do mundo!" Indagou-lhe então* Yahweh: *"Observaste o meu servo Jó? Em toda a terra não há ninguém como ele: ser humano íntegro e justo, que ama e teme a Deus e se desvia do mal!" Diante dessas palavras Satanás contestou a* Yahweh, *questionando: "Será que Jó teme a Deus sem outras intenções? Porventura não ergueste uma cerca protetora em volta dele, de sua família e de tudo o que ele possui? Tu, pessoalmente, tens abençoado todas as obras das mãos desse homem, de maneira que os seus rebanhos estão espalhados por toda a terra. Entretanto, estende a tua mão e fere tudo que ele tem, e com certeza ele te amaldiçoará e blasfemará diante da tua face!" Então* Yahweh *declarou ao Acusador: "Concedo-te poder para destruir tudo o que ele possui, apenas não estendas a tua mão contra a pessoa dele!" E* Satan *deixou a presença de* Yahweh.
>
> Jó 1:6-12

Várias coisas estão acontecendo aqui. Primeiro, os filhos de Deus se apresentam diante do trono. Esta não foi uma visita casual. Quando alguém se apresenta a uma autoridade superior, é um evento oficial, como quando um embaixador apresenta suas credenciais ao rei da Holanda. Então, de repente, Satanás aparece. Porque o Senhor pergunta a ele de onde ele veio, é claro que Satanás não se apresentou corretamente.

Agora, uma discussão legal entre o juiz e Satanás, o promotor, ocorre a respeito da vida de Jó. Nele, vemos que Deus elogia muito Jó porque ele é justo e irrepreensível.

Mas Satanás diz que ele não pode fazer nada a Jó porque há uma ordem de restrição emitida contra ele. Havia uma fronteira legal em torno de Jó que tornava impossível que Satanás fizesse mal. Mas Satanás usa vários argumentos que lhe dão o direito legal de atacar Jó e, como resultado, o Juiz coloca Jó e suas posses nas mãos de Satanás.

Mas leia com atenção. Novamente, uma restrição legal é colocada em prática. Satanás não tem permissão para prejudicar o próprio Jó. Existe um limite para a extensão do poder de Satanás. Parece que o maligno não tem poder ilimitado. Em vez disso, suas ações são restringidas por um quadro jurídico. O juiz tem que dar permissão antes que Satanás seja autorizado a estender suas mãos contra alguém. Imediatamente após Satanás deixar a presença do Senhor, Jó é surpreendido por vários desastres.

Algum tempo depois, depois que Jó perdeu todos os seus filhos e numerosos bens, uma segunda sessão do tribunal ocorre. Mas desta vez, os filhos de Deus não são os únicos que se apresentam. Satanás também se apresenta e entra como oficial.

> *Em um outro dia os anjos, os servidores celestiais voltaram a se apresentar perante* Yahweh, o SENHOR, *e* Satan, *o Acusador, também estava entre eles para, da mesma maneira, ser ouvido por* Yahweh. *Então* Yahweh *declarou a Satanás: "Eis que meu servo está entregue em tuas mãos; contudo, poupa-lhe a vida!" Saiu, portanto,* Satan, *o Acusador e Inimigo, da presença do SENHOR e passou a afligir Jó, o servo de Deus, com feridas terríveis, que iam da sola dos pés até o alto da cabeça.*
>
> Jó 2:1,6,7

Durante esta sessão, Satanás obtém o direito legal de atacar Jó pessoalmente. Mas, novamente, ele recebe uma restrição. Ele não tem permissão para matar Jó. Significativo para ambas as situações é a maneira como Satanás apresenta seus argumentos. Ele acusa Deus de não poder tocar em Jó. Isso não impressiona nem um pouco o Todo-Poderoso. Deus elogia ainda mais Jó, além de reconhecer que ele ainda tinha muito que aprender.

Colocando Pedras de Limite

Lemos em ambos os casos que Satanás não tem poder ilimitado para desencadear sua ira ardente sobre Jó. O juiz impõe uma restrição ao seu poder. No primeiro caso, Satanás não tem permissão para tocar em Jó; ele só pode prejudicar sua família e seus bens. Na segunda sessão, Satanás é novamente confrontado com uma ordem de restrição. Agora ele pode tocar em Jó, mas não tem permissão para matá-lo.

Satanás está constantemente procurando um fundamento legal pelo qual ele possa nos atacar. Ele usa nossos próprios pecados, os pecados de nossos ancestrais ou os pecados de nossa cultura. No momento em que ele obtiver evidências suficientes, ele as apresentará ao tribunal. Lá ele vai exigir o direito de nos impedir e nos impedir. Isso também aconteceu com os discípulos de Jesus. Satanás fez de tudo para destruí-los.

> *Simão, Simão, eis que Satanás vos pediu para vos cirandar como trigo; mas eu roguei por ti, para que a tua fé não desfaleça; e tu, quando te converteres, fortalece teus irmãos.*
>
> Lucas 22:31-32 (JFA)

Frequentemente ouvimos que Satanás estava apenas atacando Pedro, mas Jesus afirma claramente que Satanás exigiu que cada um dos discípulos fosse peneirado. Talvez você esteja perguntando por que Deus permitiu que Satanás os peneirasse. Por que Jesus não disse que as exigências de Satanás eram ilegais?

Devemos perceber que o que aconteceu a Jó e aos discípulos foi permitido porque havia bases legais. Mesmo assim, no final das contas, tudo funcionou a seu favor. As restrições que Jó experimentou em sua caminhada com Deus foram removidas. Os discípulos foram purificados da palha que havia em suas vidas. É por isso que Jesus diz a eles que, quando se arrependerem, devem fortalecer seus irmãos. Deus tem todo o poder nos céus e na terra. Satanás não é capaz de superá-Lo. Aconteça o que acontecer em nossas vidas, podemos ter certeza de que tudo funciona para o bem daqueles que O amam. [47]

Jesus diz a Simão que Ele pediu uma restrição, assim como foi feito na vida de Jó. Jesus pediu que sua fé fosse preservada. Novamente, a extensão do poder de Satanás foi restringida. Isto é muito importante. O espaço de manobra de Satanás está sendo delimitado durante o processo judicial de Jó. Quando estamos nos aproximando das cortes do céu para pleitear por nós mesmos, nossa família ou nossa cidade, também podemos pedir ao Juiz que restrinja a margem de manobra de Satanás. Esta é uma parte importante durante a sessão do tribunal porque não queremos permitir a Satanás a liberdade de fazer o que quiser.

Novamente, a extensão do poder de Satanás foi restringida. Isso é muito importante.

Esta é uma autoridade que podemos aplicar quando estamos intercedendo. Jesus disse que nos últimos dias haverá todo tipo de guerras, terremotos e desastres. [48] Mas podemos interceder perante o trono e pedir ao Juiz que limite o poder de Satanás. Nem sempre é possível evitar a ocorrência de terremotos, mas você pode pedir que a força seja limitada a um fator cinco na escala Richter ou que um furacão não ultrapasse rajadas de vento acima de 80 mph. É assim que assumimos a responsabilidade pelo território em que Deus nos colocou.

As súplicas de Jó

Como mencionei antes, o livro de Jó é uma descrição de uma sessão do tribunal. Existem muitos versículos nas Escrituras que nos dizem que uma batalha legal está acontecendo. Vemos isso no uso de palavras como mediador, (in) justiça, iniquidade, retidão, justo, contender e processo judicial. Em algum ponto, Jó entendeu que devia haver mais coisas nessa história. O que aconteceu com ele não podia ser coincidência.

---

47   Romans 8:28
48   Mateus 24:7; Lucas 21:9

> *Ouvi atentamente as minhas palavras, e chegue aos vossos ouvidos a minha declaração. Eis que já pus em ordem a minha causa, e sei que serei achado justo: Quem é o que contenderá comigo? Pois então me calaria e renderia o espírito.*
>
> Jó 13:17-19

A palavra declaração pode ser vista como apresentação de um caso em uma sessão do tribunal. Jó sabe que mais está acontecendo, mas ele ainda não sabe quem são seus adversários. Ele também não tem ideia do por que isso está acontecendo com ele. Ele não sabe quais acusações são feitas contra ele. É por isso que ele busca soluções para fazer sua reclamação ser ouvida.

> *Eu lhe apresentaria a minha causa e a minha boca estaria repleta de argumentos. Ouviria atentamente o que ele me responderia e avaliaria com cuidado tudo quanto me dissesse. Porventura, segundo a grandeza de seu poder, contenderia comigo? Penso que não! Ele não me acusaria de nada. Ali, o homem íntegro pleitearia com ele, eu seria considerado inocente e sairia liberto da presença do meu juiz.*
>
> Jó 23:4-7

Quantas vezes experimentamos a mesma luta em nossas vidas? Algumas grandes injustiças foram feitas a nós e no fundo sabemos que não somos os culpados por isso. Claro, não somos perfeitos, mas a miséria que está acontecendo conosco não é proporcional às dívidas que devemos a Deus. Em tudo isso, Jó não está pecando com suas palavras. Ele nem sempre fala palavras de sabedoria, mas permanece respeitoso e temeroso do Deus Todo-Poderoso, que é seu Juiz.

Finalmente, no final da provação de Jó, é o próprio Deus que aparece a Jó e o resgata de sua miséria. Por quatro capítulos, Deus, o Todo-Poderoso, está falando com Jó. Acho que este é o discurso de Deus mais longo registrado na Bíblia.

Observe a maneira como Deus está ajudando Jó. Ele lhe faz uma série interminável de perguntas para as quais Jó não tem respostas. Mas as respostas não são o ponto. Essas perguntas ajudam Jó a se distanciar de suas próprias circunstâncias. Deus o traz ao início de todas as coisas. Ele mostra a Jó como suas circunstâncias se parecem quando vistas do ponto da eternidade, antes mesmo de Deus começar Sua criação. Deus ajuda Jó a se lembrar de como as coisas eram no início.

Jó finalmente vê quem é seu verdadeiro adversário e o que foi feito com ele. Ele fica sabendo quais acusações foram feitas contra ele. Tudo isso é descrito nos últimos capítulos do livro de Jó. Como essa batalha termina? Jó se entrega a Deus e reconhece que Deus é todo-poderoso. Seus olhos finalmente viram o Todo-Poderoso. Isso põe fim a todas as discussões. Isso é o que podemos aprender com Jó: não importa o quão feroz seja a batalha, mantenha os olhos fixos naquele que pode nos redimir.

Portanto, também nós, considerando que estamos rodeados por tão grande nuvem de testemunhas, desembaracemo-nos de tudo o que nos atrapalha e do pecado que nos envolve, e corramos com perseverança a corrida que nos está proposta, olhando fixamente para o Autor e Consumador da fé: Jesus, o qual, por causa do júbilo que lhe fora proposto, suportou a cruz, desprezando a vergonha, e assentou-se à direita do trono de Deus.

Hebreus 12:1-2

O objetivo principal do processo judicial no livro de Jó é libertá-lo das limitações de experimentar Deus como Ele realmente é. Embora Jó fosse íntegro e justo, ele só conhece o Todo-Poderoso de ouvir falar. Esta batalha mudou o coração de Jó. Ele se tornou uma pessoa humilde que agora podia dizer: "Meus olhos te viram e me considero abatido".

Que isso seja um encorajamento para nós. No final, Deus nos recompensará da mesma maneira como recompensou Jó, se perseverarmos até o fim.

Em verdade vos afirmo que necessitais de perseverança, a fim de que, havendo cumprido a vontade de Deus, alcanceis plenamente o que Ele prometeu; pois dentro de pouco tempo "Aquele que vem virá, e não tardará. Mas o justo viverá pela fé! Contudo, se retroceder, minha alma não se agradará dele".

Hebreus 10:36-38

Conclusão

Fizemos uma curta jornada pela Bíblia neste capítulo. Vimos alguns exemplos dos sistemas de tribunais celestiais. Se você quiser aprender mais sobre isso, estude os Salmos. Davi escreveu muito sobre retidão e justiça. Existem também outras passagens nas Escrituras que se referem às cortes do céu.

O governo de Deus é baseado no sistema de tribunais celestiais. Em essência, o reino de Deus é baseado na retidão e na justiça. Esses são os fundamentos de Seu trono e de Seu governo. Ele é o Juiz de toda a terra e fala justiça sobre tudo e todos em Sua criação. Somente quando seus olhos estão abertos para essa verdade, você consegue ver com que frequência a Bíblia usa uma linguagem legal.

No próximo capítulo, veremos que Jesus foi acusado em três tribunais diferentes antes que pudessem sentenciá-lo à morte.

4

A condenação de Jesus Cristo

Como vimos antes, os processos e protocolos na terra são uma indicação do que acontece no céu. Quando entendemos que existem vários tribunais na terra, podemos concluir que este também será o caso no céu.

Cada tribunal na terra tem sua própria jurisdição e poder de julgar. Da mesma forma, cada tribunal no céu tem sua própria jurisdição e o poder de proferir um veredicto sobre certas situações. Assim como existe o Tribunal Internacional de Crimes em Haia, também existe um tribunal celestial chamado tribunal de guerra.

Quando olhamos para a crucificação de Jesus de uma perspectiva legal, vemos que Ele foi interrogado em vários tipos de tribunais. No final, Jesus foi condenado à morte em um tribunal; os outros tribunais não tinham jurisdição para o fazer. Para deixar isso claro, quero levá-lo a Jerusalém para ver como foi conduzido o julgamento de Jesus.

Jerusalem AD 33

A situação em Jerusalém é tensa. Mais de 250.000 judeus estão se reunindo em apenas alguns quilômetros quadrados para celebrar a Páscoa. Eles celebram a libertação de um inimigo que os manteve cativos e os oprimiu por séculos. Você pode imaginar que os romanos estão em guarda. A Judéia é conhecida como uma província rebelde do Império Romano, por isso César designou alguém como Pôncio Pilatos como governador para manter a paz. Sua demonstração de poder é também uma expressão de desprezo, como se dissesse: "Você pode cantar, dançar e orar o quanto quiser, mas você é e sempre será súdito de Roma." Pilatos é conhecido pela crueldade com que cumpre suas ordens.

Os membros do Sinédrio formaram o conselho religioso da sociedade judaica. Este conselho consiste de membros dos fariseus e saduceus, e eles eram a mais alta corte religiosa de Israel. Os romanos não estavam nem um pouco interessados nos assuntos jurídicos internos dos judeus. Eles queriam uma coisa - paz na região. Isso deu aos líderes do povo judeu algum espaço de manobra, mas eles sabiam muito bem que seriam pessoalmente responsabilizados se as coisas saíssem do controle. Isso custaria a vida deles no sentido mais cruel da palavra.

Nos últimos anos, a popularidade de Jesus se tornou tão grande que se tornou um problema para os membros do conselho. A gota d'água foi a ressurreição de Lázaro. Muitos judeus percebem que esse Jesus é mais do que apenas um carpinteiro. Eles começam a acreditar que Ele poderia ser o Messias prometido que restauraria o reino de Davi. Nesse ínterim, Ele também lidará com os romanos. É por isso que os principais sacerdotes e os fariseus estão convocando o conselho; eles devem tomar uma decisão sobre a morte de Jesus.

Então, os chefes dos sacerdotes e os fariseus convocaram uma reunião do Sinédrio. E disseram: "O que poderemos fazer? Pois esse homem realiza muitos sinais. Se o deixarmos seguir livre, todos acreditarão nele, e então virão os romanos e tomarão tanto o nosso lugar, como a nossa nação."

João 11:47-48

Durante a Páscoa, os líderes religiosos têm um problema enorme e complexo: 250.000 crentes reunidos em uma cidade lotada, um Messias que se tornou um herói popular e autoridades romanas que estão monitorando tudo de forma suspeita. Só isso já é motivo suficiente para capturar Jesus antes da celebração da Páscoa.

Mas seu maior pesadelo se torna realidade quando Jesus entra pelo portão leste e as pessoas começam a saudá-lo como Rei. É vital para eles cortar esse movimento pela raiz. Se Jesus deve morrer ou não, não é mais uma questão para eles. Seja por ciúme ou convicção, eles concluem que a morte de Jesus é necessária para manter a paz na Judéia e salvar suas próprias vidas. A única questão que resta é como fazer isso legalmente. Eles não podem simplesmente cometer um ataque à Sua vida; isso daria início a uma enorme rebelião. Não, eles tinham que convencer o povo de que a morte de Jesus estava de acordo com a Torá.

4 | A condenação de Jesus Cristo

> *E os chefes dos sacerdotes e mestres da lei procuravam um meio para matar Jesus, todavia tinham grande receio do povo.*
>
> Lucas 22:2

Pela primeira vez, eles estão tendo um pouco de sorte. Judas se oferece para ajudá-los a prender Jesus. Jesus é preso no jardim do Getsêmani e interrogado no pátio interno do palácio de Caifás. Eles tentam apresentar queixa e apresentar provas conclusivas no tribunal para encerrar o caso. Mas um caso de tribunal é estabelecido com base no depoimento de duas ou três testemunhas, então eles subornam as testemunhas para dar declarações falsas. Isso quebra a lei de Moisés, mas o objetivo justifica os meios, não é?[49]

Apesar de todos os seus esforços, eles não são capazes de apresentar suas evidências para que sejam legalmente conclusivas. Quando eles estão ficando desesperados, o próprio Jesus os encontra no meio do caminho. Seu testemunho é tão poderoso que eles não precisam de nenhuma outra testemunha.

> *Então o sumo sacerdote levantou-se e interrogou a Jesus: "Não tens o que responder a estes que depõem contra ti?" Mas Jesus manteve-se em silêncio. Diante do que o sumo sacerdote lhe intimou: "Eu te coloco sob juramento diante do Deus vivo e exijo que nos digas se tu és o Cristo, o Filho de Deus!" "Tu mesmo o declaraste", afirmou-lhe Jesus. "Contudo, Eu revelo a todos vós: Chegará o dia em que vereis o Filho do homem assentado à direita do Todo-Poderoso, vindo sobre as nuvens do céu!" Diante disso, o sumo sacerdote rasgou as suas vestes denunciando: "Ele blasfemou! Por que necessitamos de outras testemunhas? Eis que acabais de ouvir tal blasfêmia!" "Que vos parece?" Responderam eles: "Culpado e merecedor de morte é!"*
>
> Mateus 26:62-66

Se Jesus tivesse ficado em silêncio, tenho a convicção de que o conselho nunca poderia tê-lo condenado à morte. Mas agora é Jesus quem apresenta as evidências necessárias. Ele é considerado culpado das acusações e, de acordo com a lei judaica, precisa morrer. O problema é que os líderes judeus, que estão sujeitos ao governo romano, não têm

---

[49] Êxodo 23:1-13

jurisdição para cumprir a pena de morte.

O Sinédrio

A condenação de Jesus começa com o interrogatório no tribunal religioso - o Sinédrio. Jesus é julgado aqui com base nas leis religiosas judaicas. O Sinédrio é composto por setenta membros e é presidido pelo Sumo Sacerdote daquele ano, Caifás. Este conselho tem jurisdição para condenar alguém à pena de morte, mas não está autorizado a executá-la sob o governo romano.

Em Atos 5, vemos uma história interessante de como o Sinédrio funciona. Depois do derramamento do Espírito Santo, tudo deu errado para eles. O outrora pequeno grupo de seguidores de Jesus tornou-se um movimento crescente e influente, e as multidões os amavam. Matar Jesus não deu ao Sinédrio o resultado desejado. Então, eles tentaram por todos os meios possíveis evitar que esse movimento ganhasse impulso. Eles prenderam os líderes, interrogaram-nos e puniram-nos. O Sinédrio foi autorizado a fazer isso, ou o povo teria se rebelado contra eles. Mas, graças ao conselho de Gamaliel, os crentes não foram condenados à morte. Eles apenas foram espancados e libertos.

É por isso que eles apresentaram acusações contra Jesus que se baseiam na lei romana.

Depois, vemos que Saulo recebeu cartas do Sinédrio que lhe deram amplos poderes. Sua autoridade foi baseada na decisão do conselho que o Sinédrio tomou e escreveu em um pergaminho. Essa decisão do conselho deu a ele o mandato de caçar judeus que se converteram em seguidores de Jesus. A jurisdição do Sinédrio era tão abrangente que Saulo foi até autorizado a capturar judeus em uma nação estrangeira.

Entrementes, Saulo ainda respirava ameaças de morte contra os discípulos do Senhor. Dirigindo-se ao sumo sacerdote, pediu-lhe cartas para as sinagogas de Damasco, de maneira que, eventualmente encontrando ali, homens ou mulheres que pertencessem ao Caminho, estivesse autorizado a conduzi-los presos a Jerusalém.

Atos 9:1-2

Tribunal de Pilatos

Após a condenação de Jesus pelos líderes do Sinédrio, eles O levaram ao tribunal de Pilatos. Pilatos não estava nem um pouco interessado nos problemas internos dos judeus. É por isso que ele disse: "Julgue-o de acordo com a sua lei."

> *Responderam-lhe: "Se Ele não fosse um malfeitor, não o teríamos entregado a ti." Entretanto, replicou-lhes Pilatos: "Levai-o vós mesmos e julgai-o conforme a vossa Lei." Ao que lhe contestaram os judeus: "Mas nós não somos autorizados a matar ninguém."*
>
> João 18:30-31

Pilatos não quer uma revolta em uma cidade lotada, mas os chefes dos sacerdotes e os escribas não são desistem facilmente. Eles estão determinados a executar Jesus antes do início da Páscoa. É por isso que eles prestam queixa contra Jesus com base na lei romana. Pilatos fica mais acuado a cada minuto. Ele realmente precisa julgar este homem? Ele não quer fazer isso de jeito nenhum. Sua missão é manter a paz na Judéia. Ele está preocupado com o fato de que matar um herói nacional não trará estabilidade ou paz à região.

É por isso que Pilatos pergunta exatamente quais acusações foram feitas contra Jesus. As acusações que os judeus fizeram não são sobre a salvação eterna que Jesus promete a todos os que crêem nele; não são para cuidar dos pobres ou servir a Deus de todo o coração. Em vez disso, eles trazem acusações contra Jesus com base em violações da lei romana.

> *Assim, Pilatos saiu para falar com eles e perguntou-lhes: "Que acusação trazeis contra este homem?"*
>
> João 18:29

Os judeus afirmam que Jesus afirmou ser o Filho de Deus e que liderará uma rebelião inevitável contra César. De acordo com a lei romana, só pode haver um deus: César, que se autoproclamou filho de deus e rei de todos os reis. Todos os sujeitos ao governo romano devem honrá-lo.

Os judeus acusam Jesus de que ele afirmou ser o Filho de Deus e de que lideraria uma rebelião inevitável contra César.

Segundo a lei romana, o título de "filho de deus" pertence a apenas uma pessoa: César. As moedas de seu império até afirmam isso. Assim que Pilatos ouve que Jesus chama a si mesmo de Filho de Deus e é honrado como Rei pelo povo judeu, ele fica apavorado. Como governador da Judéia, ele tem autoridade para declarar a pena de morte. *A lei romana deu-lhe esta jurisdição.*

O Tribunal de Herodes

Assim que surge a oportunidade de condenar Jesus em outro lugar, Pilatos a aproveita. Ele envia Jesus para a corte de Herodes. Este tribunal está autorizado a emitir um veredicto sobre todos os galileus. Talvez Pilatos tenha pensado que poderia pregar uma peça em Herodes; esses dois homens eram inimigos um do outro. Ou talvez Pilatos tenha pensado: deixe Herodes lidar com isso. Vou me livrar desse problema.

> *Ao ser informado que era da jurisdição de Herodes, estando este, naqueles dias, em Jerusalém, lho enviou.*
>
> *Lucas 23:7*

Embora Herodes esteja autorizado a julgar os galileus, ele falha em dar um veredicto. Quando Jesus aparece diante de Herodes, Ele não diz uma palavra, tornando impossível para Herodes acusa-lo. Isso é surpreendente e notável porque Jesus responde a perguntas no Sinédrio e na corte de Pilatos. A impressão é de que Jesus não estava reconhecendo a corte de Herodes.

A condenação

Mas logo a charada acaba. Herodes manda Jesus de volta a Pilatos, envolto em um manto lindo. Como José, Jesus foi entregue por seus irmãos a um poder estrangeiro. Vale ressaltar também que Pilatos e Herodes se tornaram amigos por meio desses eventos.

Jesus é transportado de um tribunal para outro, tudo no esforço de tê-lo legalmente condenado à morte. Os principais sacerdotes e fariseus estão ficando desesperados. O grande Shabat estava quase chegando. Eles devem se apressar. Jesus tem que ser morto antes do pôr do sol, de uma forma ou de outra. Os principais sacerdotes e fariseus exortam Pilatos a condenar Jesus à pena de morte.

Pilatos tenta evitar a condenação de Jesus três vezes. Ele não consegue encontrar nada que Jesus fez que mereça a pena de morte. Mas os líderes da nação judaica começam uma revolta lá no tribunal, que é exatamente o que Pilatos não queria, então ele decide entregar Jesus para ser crucificado.

Falou-lhes, então, pela terceira vez: Pois, que mal fez ele? Não achei nele nenhuma culpa digna de morte. Castigá-lo-ei, pois, e o soltarei. Mas eles instavam com grandes brados, pedindo que fosse crucificado. E prevaleceram os seus clamores. Então Pilatos resolveu atender-lhes o pedido; e soltou-lhes o que fora lançado na prisão por causa de sedição e de homicídio, que era o que eles pediam; mas entregou Jesus à vontade deles.

Lucas 23:22-25

Conclusão

A crucificação de Jesus foi um evento que tocou profundamente nossos corações. Nossa salvação, restauração e liberdade foram obtidas na cruz. Foi muito importante que Seu sofrimento e morte atendessem a todos os requisitos legais. A vitória sobre Satanás foi endossada pelo veredicto legal que o Juiz sobre toda a terra proferiu. Porque Satanás foi legalmente derrotado, somos legalmente justificados do pecado.

Vemos que cada parte legal no julgamento de Jesus estava sujeita às regras e regulamentos de seu próprio sistema jurídico. Os principais sacerdotes e fariseus condenaram Jesus com base na Torá. O julgamento diante de Herodes foi uma farsa. Ele não conseguiu a condenação por falta de provas. Pilatos só condenou Jesus com base na lei romana, pois essas acusações tinham que cumprir os requisitos dessa lei.

Essas lições são muito importantes para nós. Quando uma injustiça é feita contra nós e queremos ser justificados por Deus, não devemos apenas cumprir os protocolos legais. Devemos também ir ao tribunal correto. Se não procedermos assim, nosso adversário pode nos declarar inadmissíveis. Isso também pode acontecer se nossas cobranças não forem baseadas na legislação apropriada. Somente quando comparecemos no tribunal apropriado e nossas acusações são baseadas nas leis adequadas é que Deus pode nos absolver.

Vamos, portanto, descobrir em qual tribunal devemos apresentar nosso caso. Existe um tribunal onde cada crente, baseado na Palavra de Deus, pode apresentar seu caso. Esse tribunal é chamado de tribunal móvel e será discutido no próximo capítulo.

5

O Tribunal Móvel

O Governo no Reino

Existem muitas histórias na Bíblia em que podemos ter um vislumbre do que está acontecendo no céu. Abraão, Moisés, Davi, Paulo, João e muitos profetas viram ou experimentaram as atividades do céu, e essas experiências foram registradas para nós. Com base nessas passagens sobre as estruturas governamentais no céu, muitas civilizações na terra estabeleceram estruturas semelhantes que são uma sombra das estruturas governamentais celestiais.

Na Bíblia, a palavra "governo" é usada três vezes. A passagem mais familiar é Isaías 9: 6-7, onde a profecia sobre Jesus afirma *que o governo estará sobre Seus ombros*. Esta passagem não fala apenas de um governo terreno, mas também se refere ao governo celestial. Na terra, um governador governa um determinado território e tem domínio sobre ele. Seu governo é baseado nas leis daquele país e essas leis especificam a extensão de seu poder.

A melhor maneira de entender o governo celestial é estudar os conceitos do antigo Israel. A sinagoga formava a essência da sociedade judaica. Era o lugar central para o encontro. Era um lugar para orar, aprender e discorrer sobre questões de justiça. O Beth Din, também chamado de "casa dos juízes" ou "bancada dos três", formava a liderança de uma sinagoga.[50] Este conselho era composto por no mínimo três membros. Para ser um membro deste conselho, esperava-se que alguém estivesse bem fundamentado na Torá e levasse uma vida justa.

Sete homens e mulheres justos e respeitados apoiaram o Beth Din, e eles foram chamados de "banco dos sete". Os membros dessa equipe combinada de dez pessoas lideravam a sinagoga. Eles estavam isentos de qualquer trabalho. Desta forma, eles poderiam se concentrar em

---

50 Wikipedia: https://en.wikipedia.org/wiki/Beth_din

estudar a Torá e apoiar a comunidade. Eles forneciam educação, atendiam às necessidades pastorais e promoviam a justiça na aldeia. Uma sinagoga só poderia ser estabelecida quando a comunidade pudesse apoiar essa equipe de dez líderes.

Exemplos Biblicos de um Beth Din

A Bíblia nos mostra muitos exemplos de um Beth Din em função. Esta é uma equipe de três pessoas que é responsável pelo governo de seu território. O povo de Israel teve três pais fundadores: Abraão, Isaque e Jacó. Noah, que governou a nova terra, teve três filhos: Shem, Cham e Japhet. Davi governou seu reino com três heróis: Josheb-Basshebeth, Eleazar e Shammah. Daniel foi apoiado na Babilônia por seus amigos Hananias, Misael e Azarias. Jesus teve três discípulos que formaram Seu círculo interno: João, Pedro e Tiago.

Os membros do Beth Din tinham jurisdição para legislar normas e regulamentos e tinham domínio na dimensão espiritual. É sobre isso que Jesus estava falando quando falou sobre ligar e desligar na terra. O que eles decidiam na terra tinha consequências no céu.

> *Eu darei a ti as chaves do Reino dos céus; o que ligares na terra haverá sido ligado nos céus, e o que desligares na terra, haverá sido desligado nos céus".*
>
> Mateus 16:19

Vemos em nossa sociedade um exemplo claro desse tipo de governo. Todo governo terreno é a sombra de uma estrutura celestial. Muitas nações estão familiarizadas com o conceito de separação de poderes, também conhecido como trias politica. Segundo este modelo, o governo de um estado é dividido em ramos, cada um com poderes e áreas de responsabilidade separados e independentes, de modo que os poderes de um ramo não entrem em conflito com os poderes associados aos outros ramos. A divisão típica se estabelesse em três ramos: um legislativo, um executivo e um judiciário, que é o modelo da trias política. [51]

O poder legislativo faz as leis para governar a nação. O poder executivo é responsável pela governança diária da nação, como as forças

---

[51] https://en.wikipedia.org/wiki/Separation_of_powers

policiais ou as forças armadas. Os poderes judiciários são responsáveis por testar essa execução de acordo com a lei.

Uma forma diferente do banco de três pode ser vista no mundo esportivo. Em muitos esportes, há três vencedores que são colocados acima dos outros competidores. Eles governam sobre eles e são recompensados com ouro, prata e bronze como um símbolo de sua supremacia sobre os outros. A maioria dos atletas almeja estar entre os dez primeiros em seu jogo.

O Governo no Céu

No céu, o governo do trono de Deus também é chamado de Beth Din, ou Banco dos Três. Este governo está nas mãos de Deus Pai, Deus Filho e Deus Espírito Santo. Eles são superiores a tudo o que é criado. Os sete espíritos de Deus que estão diante do trono apóiam o governo do Deus triúno. Ian Clayton explica em seu livro que os sete espíritos de Deus sustentam o trono e não são uma expressão do Espírito Santo. [52]

De acordo com o rabino Dr. Hillel ben David, Paulo se refere à operação desta bancada de sete na sinagoga em Efésios 4. [53] Essa bancada era composta por um apóstolo, um profeta, um evangelista, três pastores e um professor. [54] Sua tarefa era equipar os santos para amadurecê-los em Cristo. Enquanto os líderes do Beth Din estavam no comando da sinagoga, eles não eram visíveis. Eles estavam escondidos em Cristo dentro da menorá. Eles eram responsáveis pela educação, oração e estabelecimento da justiça. Os sete ajudantes eram responsáveis pela pastoral e pelo bem-estar de sua comunidade. Juntos, eles eram a Luz de Cristo. Eles eram a menorá; a luz que brilha no mundo.

Encontramos outro grande exemplo desse apoio em Atos. Quando os judeus de língua grega foram negligenciados na distribuição diária, uma situação tensa começou a surgir entre os membros da primeira igreja. Os apóstolos se reuniram sob a liderança de Pedro, João e Tiago para discutir esse assunto. Eles decidiram nomear sete homens sábios e piedosos que seriam responsáveis pelo cuidado pastoral da igreja. Os

---

52   Dimensões do Reino parte 1, publicado por Seraph Creative em 2019.
53   http://www.betemunah.org/synagog.html
54   Efésios 4:11-13

apóstolos se dedicaram à oração e ao ministério da palavra.

Portanto, irmãos, escolhei dentre vós Sete homens de bom testemunho, cheios do Espírito e de sabedoria, aos quais encarregaremos deste ministério. Quanto a nós, nos devotaremos à oração e ao ministério da Palavra.

Atos 6:3-4

Quando apresentamos nosso caso nas cortes do céu, precisamos de conselheiros e apoiadores celestiais. Estes são, entre outros, os sete Espíritos de Deus. Eles nos ajudam durante o processo judicial. Eles são os olhos do Senhor que correm de um lado para o outro por toda a terra em favor daqueles cujos corações são leais a ele.[55] Eles são apresentados a nós em Isaías 11.

E repousará sobre ele o Espírito do Senhor, o espírito de sabedoria e de entendimento, o espírito de conselho e de fortaleza, o espírito de conhecimento e de temor do Senhor.

Isaías 11:2

Quando apresentamos nosso caso nas cortes do céu, precisamos de conselheiros e apoiadores celestiais.

Precisamos da Sabedoria e Revelação para a preparação de nosso caso. Precisamos do Conselho para preparar nossas súplicas da maneira certa. Precisamos do Conhecimento e do Temor do Senhor para agir com honra e respeito durante a sessão do tribunal. Precisamos de Força e Poder para executar os veredictos na terra. Precisamos que o Espírito do Senhor seja confirmado em nosso cargo e posição. Sem o apoio dos sete Espíritos do Senhor, operar nas cortes do céu será muito mais difícil.

O Conselho de Jetro

---

55   2 Crônicas 16:9

5 | O Tribunal Móvel

Quando você faz parte de uma sinagoga e surge uma pequena disputa, deve-se primeiro ir ao Beth Din - a casa dos juízes. Isto ainda é verdade hoje. Você apresenta seu caso perante os líderes de sua sinagoga local. Os casos mais importantes ou complexos são encaminhados aos tribunais superiores. Cada tribo em Israel tinha um corpo judicial; este conselho tinha 23 membros. O mais alto conselho de Israel estava localizado em Jerusalém e era chamado de Sinédrio.

Esta classificação é baseada no conselho de Jetro; o sogro de Moisés. Enquanto Moisés estava julgando o povo de Israel, aqueles com disputas estavam de pé e esperando sua vez de aparecer diante dele. Jetro observou isso e concluiu que Moisés seria incapaz de fazer esse trabalho sozinho. Ele aconselhou Moisés a dividir as responsabilidades entre homens justos e justos.

> *Mas escolhe do meio do povo homens capazes, tementes a Deus, que sejam dignos de confiança e inimigos de ganho desonesto. Estabelece-os como chefes de mil, chefes de cem, chefes de cinquenta e chefes de dez. Eles julgarão o povo em todo o tempo. Toda causa mais complexa trarão a ti, mas para todas as questões menos difíceis, eles mesmos poderão encontrar a solução. Desse modo será mais leve para ti, pois esses líderes te ajudarão a dividir o trabalho e levar o peso diário da carga. Se assim fizeres, e se dessa maneira Deus te instruir, poderás então suportar as dificuldades, e todo este povo voltará para suas habitações satisfeito!"*
> Êxodo 18:21-23

Moisés ouviu o conselho de Jetro e escolheu homens capazes, designando-os como juízes sobre o povo. Eles julgaram os casos pequenos; assuntos maiores foram encaminhados a Moisés.

Este ainda é um princípio válido. Na Holanda, tribunais especiais são estabelecidos para julgar as questões que fazem parte da vida cotidiana. Esses assuntos podem ser sobre disputas trabalhistas, conflitos entre vizinhos ou assuntos de baixo significado financeiro. Esses tribunais são formalmente conhecidos como tribunais municipais. Eles ainda existem na Holanda como um ramo especial do sistema judicial. Eles são departamentos descentralizados do tribunal.

Existem mais tribunais municipais do que tribunais regulares. Em termos de distância, esses tribunais municipais são mais fáceis de acesso. Não é difícil apresentar pessoalmente o seu caso, mesmo sem a ajuda de um advogado. Este é um tribunal com um limite baixo. Para outros casos (geralmente aqueles mais difíceis ou de maior interesse), você precisa ir a um tribunal regular. Há menos desses tribunais e o acesso a eles é muito mais difícil.

É muito mais difícil apresentar seu caso em um tribunal comum. Você não pode recorrer a um tribunal comum sem a ajuda de um advogado. A complexidade judicial de um tribunal regular torna obrigatório a assistência de um advogado. Portanto, é importante que você apresente seu caso ao tribunal e juiz certos. Quando você aborda um tribunal municipal com um caso complexo, o juiz declina a jurisdição e o encaminha a um tribunal superior.

A corte móvel

A maneira mais simples de obter compreensão das cortes celestes é examinar as diferenças entre as cortes centrais e móveis. Os tribunais centrais estão em uma posição fixa em uma das dimensões espirituais. O tribunal móvel é mais facilmente acessível para nós. Está em sessão na terra em qualquer lugar em que o juiz abre o tribunal.

Durante meu estudo das cortes do céu, encontrei um artigo interessante sobre a antiga constituição do Império Britânico.[56] Esta constituição teve um conselho consultivo e legislativo. Este conselho presidia em Londres e tomava decisões sobre importantes assuntos de estado. O conselho foi chamado de Conselho do Rei (latim: Curia Regis). O conselho se reunia sempre que o rei ordenava.

Quando o rei viajava por seu domínio, conselheiros e oficiais da corte sempre o acompanhavam. Os súditos do rei podiam abordá-lo e apresentar pessoalmente seus casos perante ele. O rei poderia abrir o tribunal no local e dar um veredicto. Este é um ótimo exemplo de como funciona o tribunal móvel. O rei deixa seu palácio e vai até seus súditos para dar um veredicto no local.

Na Holanda, é possível que um juiz vá até as pessoas para examinar uma situação pessoalmente. Oficialmente, isso é chamado de *descen-*

---

[56] https://en.wikipedia.org/wiki/Curia_regis

tee (descida em francês). O juiz desce de sua cadeira de julgamento para fazer um exame in loco do caso que está sendo apresentado a ele. Temos um programa de televisão holandês chamado *The Traveling Judge*.[57] É legalmente permitido que um juiz tome decisões vinculativas fora do protocolo oficial de um tribunal, embora isso só seja possível se todas as partes concordarem com isso. Pode acontecer que o juiz itinerante dê um veredicto em um bar em Montana ou resolva uma disputa entre vizinhos em Hemet, Califórnia. O tribunal móvel vem para o povo.

A Intercessão de Abraão

Algo similar a um tribunal móvel aconteceu a Abraham. Ele foi visitado por três homens (talvez um Beth Din do céu) por quem o Senhor compartilhou com Abraão o que Ele havia decidido sobre a destruição de Sodoma e Gomorra.

Existem algumas coisas muito interessantes acontecendo aqui. Em primeiro lugar, Deus disse que o clamor sobre Sodoma e Gomorra era grande. Seus pecados foram trazidos diante de Sua presença. As acusações contra essas cidades não foram proferidas na terra, mas no reino celestial. Foi lá que Deus ouviu o que estava acontecendo em Sodoma e Gomorra. A Bíblia então descreveu o Senhor indo a Sodoma e Gomorra para investigar por Si mesmo. Ele queria saber se as acusações eram verdadeiras ou não.

> *Descerei até lá e verei se, de fato, o que eles têm praticado corresponde ao clamor que é vindo até minha presença; e, se assim não é, verdadeiramente sabê-lo-ei!"*
>
> Gênesis 18:21

Outra nota interessante é que Abraão começou a interceder e aplicou as regras do Beth Din. Uma cidade só seria reconhecida no céu quando houvesse dez pessoas justas que pudessem representá-la - o Beth Din de três pessoas e o banco de sete. Quando uma cidade não apoiava dez pessoas para assumir a responsabilidade de servir à cidade,

---

[57] https://rijdenderechter.kro-ncrv.nl/over-de-rijdende-rechter

esta cidade não tinha mandato para pleitear nos tribunais do céu.

Agora entendemos por que Abraão, enquanto intercedia por Sodoma e Gomorra, parou em dez homens justos? Abraão estava falando com Deus em Sua capacidade formal de Juiz sobre toda a terra. Ele sabia que a própria existência dessas cidades estava em jogo. Ele estava intercedendo perante o Juiz de toda a terra na tentativa de salvá-los.

> *Longe de ti cometeres tal atrocidade: fazer morrer o justo com o pecador, de modo que o justo seja tratado como o pecador! Longe de ti! Não fará justiça o Juiz de toda a terra?*
>
> Gênesis 18:25

Mas existe um grande problema. Nenhum Beth Din foi designado para essas cidades, então Abraão não poderia fazer nada por essas cidades. Ele não foi mandatado para interceder no tribunal móvel por essas cidades; os cidadãos dessas cidades eram responsáveis por fazer isso eles próprios. Ambas as cidades foram destruídas e o solo permanece infértil até hoje. Esta história é um exemplo bíblico muito claro da operação de um tribunal móvel. O próprio Deus desceu para dar um veredicto na terra e convidou Seus amigos a interceder ali.

Para interceder pela salvação de uma cidade, ela deve ter um governo reconhecido no céu.

Em nossa época, o mesmo princípio se aplica. Para interceder pela salvação de uma cidade, ela deve ter um governo reconhecido no céu. Quando dez pessoas justas se reúnem para ocupar o espaço por sua nação, elas formam uma eclésia que é reconhecida no céu. A oração desta eclésia será ouvida nas cortes do céu. A intercessão deles tem muito peso quando o veredicto é dado para uma cidade, região ou nação.

Entrando na Corte Móvel

De acordo com os judeus, o céu não está longe. Para eles, é uma dimensão que os rodeia. Jesus começou Seu ministério proclamando

5 | O Tribunal Móvel

que o reino de Deus está próximo.[58] O céu está tão perto quanto o calor que sinto vindo da minha mão quando a seguro perto do meu rosto. Experimente e você verá o que quero dizer.

Fomos ensinados que o céu está sempre acima de nós, então apontamos para o céu quando falamos sobre assuntos celestiais. Mas alguém da Nova Zelândia está fazendo o mesmo e eles apontam exatamente na direção oposta. O que está acima para eles está abaixo de nós.

Em suma, a dimensão celestial não está acima ou abaixo de nós; está ao nosso redor. Podemos atravessar o véu, entrando nesta dimensão pela fé. O convite é claro, assim como os desejos de nosso pai. Ele espera nos ver em Sua dimensão.

> *Sendo assim, irmãos, temos plena confiança para entrar no Santo dos Santos mediante o sangue de Jesus, por um novo e vivo Caminho que Ele nos descortinou por intermédio do véu, isto é, do seu próprio corpo; e tendo um magnífico sacerdote sobre a Casa de Deus. Portanto, acheguemo-nos a Deus com um coração sincero e com absoluta certeza de fé, tendo os corações aspergidos para nos purificar de uma consciência culpada, e os nossos corpos lavados com água pura. Sem duvidar, mantenhamos inabalável a confissão da nossa esperança, porquanto quem fez a Promessa é fiel;*
> Hebreus 10:19-23

Por anos lutei com essa passagem. Como faço para entrar no Santo dos Santos? Eu ansiava desesperadamente por experimentar isso. Descobri que havia um capítulo completo escrito sobre andar na fé acerca dessa passagem. Foi então que entendi que entrar nas dimensões celestiais é um ato de fé. Precisamos de fé porque sem fé não é possível nos aproximar dele ou vê-lo. O caminho está aberto pelo sangue de Jesus e pelo Seu corpo. Esta é uma referência clara à Ceia do Senhor. Quando temos comunhão regularmente, como uma vez por dia, podemos experimentar as dimensões celestiais com mais facilidade.

O mesmo é válido para entrar no tribunal móvel. Entramos pela fé na convicção de que Ele nos ouvirá. Estou convencido de que entramos no tribunal móvel sem ter consciência disso. Cada vez que clamamos a Deus para nos justificar, estamos realmente neste tribunal.

---

[58] Mateus 3:2; Marcos 1:15; Lucas 21:31

É importante entender que entrar neste tribunal é um ato que fazemos primeiro em nosso espírito. Fomos criados por Deus como um ser triuno. Somos um ser espiritual nascidos do céu, nossa alma é redimida e renovada e nosso corpo é o templo do Espírito Santo.[59] Deus criou esta trindade à sua própria imagem. Experimentamos e encontramos a dimensão espiritual sob a autoridade de nosso espírito. No Capítulo Nove, explicarei por que precisamos dos dons proféticos para sermos capazes de operar adequadamente nas cortes do céu.

Lemos na história de Sodoma e Gomorra que Deus desceu à terra para dar um veredicto. Da mesma forma, quando Ele se aproxima de nós, o tribunal móvel está em sessão. Ele vem até nós porque estamos nos aproximando Dele[60]. Talvez não possamos vê-lo, mas Ele está bem ali. E assim como nos aproximamos de Deus com fé, sabendo que Ele existe, também podemos entrar neste tribunal móvel. Entramos pela fé nesta dimensão espiritual.

É uma simples questão de estarmos absolutamente certos de que este tribunal existe e de que temos o mandato para apresentar o nosso caso nele. Os primeiros passos são sempre os mais difíceis porque não temos um quadro de referência. Ainda não o experimentamos como algo real.

Mas fomos convidados a entrar, a deixar nossa voz ser ouvida no céu e a apresentar nosso caso diante dEle. Quando entrarmos passo a passo, teremos a confirmação. É assim que nosso quadro de referência é formado - por meio da experiência. Este também é o ponto de partida para a próxima etapa. O objetivo deste livro é ajudá-lo a crescer na filiação, assumindo as responsabilidades de um filho maduro[61] na manifestação deste reino dos céus na terra. Quando o fazemos, aonde quer que vamos, Sua vontade é feita na terra como no céu.

O Trono da Graça

Um comentário final. Existe uma diferença entre o trono da graça e o tribunal móvel. Eles têm objetivos diferentes. Entramos no tribunal

---

59   1 Tessalonissenses 5:23
60   Tiago 4:8
61   Jesus explica nas Escrituras que no céu não existe distinção entre homem e mulher. Mas nos diz claramente que, como filhos, recebemos autoridade para governar como reis. Nós transcendemos o gênero que tínhamos na terra. Somos todos filhos de Deus, como Jesus é.

porque a injustiça nos foi feita e queremos ser justificados. Mas vamos ao trono da graça para receber misericórdia e graça.

> *Portanto, acheguemo-nos com toda a confiança ao trono da graça, para que recebamos misericórdia e encontremos o poder que nos socorre no momento da necessidade.*
> *Hebreus 4:16*

Cheguemos, portanto, com ousadia ao trono da graça, para que possamos obter misericórdia e encontrar graça para socorro em tempos de necessidade.
Hebreus 4:16

A tradução desta passagem para o holandês nos diz que recebemos nossa ajuda na hora certa. Mas na tradução para o inglês, diz que o recebemos na hora que precisamos. Essa é exatamente a diferença entre o trono da graça e a corte móvel. No tribunal móvel, um veredicto será dado por causa da injustiça que foi feita a nós; atos que deveriam destruir o plano e o destino que Deus tem para nós. É Seu desejo que sejamos bem-sucedidos na realização de nossos destinos. Esses destinos estão escritos em nosso pergaminho e ratificados por uma decisão do conselho.

Mas quando nos aproximamos do trono da graça, podemos compartilhar nossa dor e nossa tristeza com Deus nosso pai. Nossas lágrimas são coletadas lá e enxugadas de nossos olhos[62]. Tem um propósito diferente.

Conclusão

Vimos que existem vários tribunais diferentes na terra e cada um deles tem sua jurisdição específica. É importante para nós sabermos que existe uma corte espiritual que podemos nos aproximar da terra. Podemos apresentar nossos casos lá e pedir para sermos justificados. Este tribunal é chamado de tribunal móvel e nós entramos nele pela fé.

Precisamos dar um passo de fé. A dimensão espiritual está ao nosso redor e Cristo preparou o caminho para que entremos nela. Quando

---

[62] Apocalipse 7:17

nos aproximamos Dele, Ele se aproxima de nós na qualidade de Juiz. Como o antigo rei da Inglaterra e o juiz viajante na Holanda, Ele dará um veredicto sobre o lugar onde pisamos. Ele nos dá a oportunidade de apresentar nossos casos pessoais diante dEle.

Muitos tribunais terrestres lidam com disputas sobre contratos ou acordos rompidos, como contratos legais ou acordos de arrendamento. O mesmo é verdade nas cortes do céu. Os mandamentos desempenham um papel legal importante nesses tribunais. No próximo capítulo, discutirei os antecedentes jurídicos de uma aliança e sua importância.

6

A Aliança: Um Contrato Legal

Uma aliança é um contrato legal entre duas ou mais partes. É um acordo mútuo que você é obrigado a honrar. Quando você faz uma aliança, na verdade está assinando um contrato. Ambas as partes concordam com as obrigações e os direitos que cada uma terá. Ao assinarem o contrato, eles declaram que cumprirão os termos estipulados nele. Estão presentes as testemunhas que assinam o contrato. Os documentos, as assinaturas e as testemunhas fazem cumprir a aliança. Quando uma aliança é selada com sangue, sua força legal é mais forte no céu e na terra.

A palavra hebraica para aliança é berith, que significa "cortar pela metade". Essa é a maneira pela qual as alianças foram feitas no Antigo Testamento. Lemos isso em Gênesis 15: 7-21, onde Abrão matou vários animais, cortou-os em pedaços e os dividiu. Ambas as partes do pacto ficaram em frente da outra e fizeram um juramento. Dessa forma, eles prometeram que manteriam a aliança. Em seguida, eles ratificaram a aliança passando pelos pedaços dos animais sacrificados.

> *Então ordenou-lhe o SENHOR: "Toma-me uma novilha, uma cabra e um cordeiro, cada qual de três anos de vida, e também uma rolinha e um pombinho". Abrão trouxe todos esses animais, cortou-os ao meio e colocou cada metade em frente à outra parte; as aves, no entanto, ele não cortou. Com a chegada da noite veio a escuridão. De repente, surgiu um braseiro que soltava fumaça, e uma tocha de fogo. E o braseiro e a tocha passaram pelo meio dos animais divididos.*
>
> *Gênesis 15:9,10,17*

Em Hebreus 9, lemos sobre os antecedentes mais profundos de uma aliança. Vemos que os pactos que Deus fez com o povo de Israel foram consagrados com sangue, e todos os objetos no tabernáculo foram purificados com sangue. No momento em que os sacerdotes levavam seus sacrifícios ao tabernáculo na terra, os pecados do povo eram apagados nas cortes do céu.

> *De fato, conforme a Lei, quase todas as coisas são purificadas com sangue, e sem derramamento de sangue não pode haver absolvição!*
>
> Hebreus 9:22

Os escritores do livro aos hebreus explicaram que o poder do sangue de bezerros e bodes era limitado. Este sangue só poderia remir os pecados de Israel por um ano. O sacrifício do sangue de Jesus, por outro lado, é tão poderoso que recebemos uma redenção eterna.

Uma aliança que é ratificada por sangue tem uma voz muito mais forte nas cortes do céu. É por isso que Satanás tenta fazer alianças de sangue com indivíduos, cidades e nações. Quando o sangue está sendo derramado, os termos da aliança também são selados.

Isso não significa que compromissos verbais não sejam obrigatórios. James nos diz que nosso "sim" deve significar "sim, de fato".

> *Contudo, meus queridos irmãos; não jureis, nem pelo céu, nem pela terra, tampouco façais qualquer outro juramento. Seja suficiente a vossa palavra; sendo sim, que seja sim; quando não, não. Procedei assim para não cairdes em condenação.*
>
> Tiago 5:12

Quando fazemos uma promessa e não a cumprimos, essa pessoa pode fazer acusações contra nós. Este é o aviso que Tiago está nos dando. Até mesmo Salomão nos aconselha a ter o cuidado de cumprir as promessas verbais que fizemos a Deus.[63] Seja cauteloso ao fazer promessas casuais, porque podemos ser responsabilizados por elas. Cada palavra que falamos e cada pensamento que temos são registrados no céu. Davi nos dá exemplo dessa consciência ao pedir que as palavras de sua boca e a meditação de seu coração sejam aceitáveis aos olhos de Deus.[64]

---

63 Eclesiastes 5:3-6
64 Salmo 19:14-15

A Aliança de Casamento

Podemos encontrar muitos tipos diferentes de alianças na Bíblia. Vemos exemplos de alianças feitas entre pessoas, entre tribos e entre nações. Existem até alianças em que o Senhor está presente como testemunha.[65]

Uma importante aliança bíblica é o acordo feito entre marido e mulher chamado casamento. Existem cinco estágios diferentes nas tradições do casamento judaico que levam ao casamento. Um momento importante é quando o homem e a mulher fazem um contrato, o que acontece na terceira etapa dos preparativos do casamento. Nessa etapa, ocorrem as negociações sobre o conteúdo do contrato. A palavra hebraica para este contrato é chamada ketubah.

Na hora de redigir o contrato, ambos os pais desempenham um papel importante. Eles conhecem seus filhos muito melhor do que eles. Os pais são as testemunhas oficiais desta aliança. Durante essas negociações, as expectativas de ambos os parceiros são expressas com base em sua equivalência. Por exemplo, eles discutem quantos filhos gostariam, quanto dinheiro a mulher receberá para cuidar da casa, como os bens serão distribuídos entre eles, com que frequência terão relações sexuais e assim por diante. Esta ketubá é uma proteção para a mulher no caso de o marido mandá-la embora. A ketubá envolve os direitos e obrigações de seu casamento. Se ambas as partes mantiverem seu lado nesta ketubá, não haverá fundamento legal para o divórcio.

Após a assinatura da ketubá, o casal está formalmente casado. A noiva pode levar o nome de seu marido e tem o direito de fazer negócios em nome dele. Neste ponto, eles não têm relações sexuais. Um tempo de preparação começa com duração de cerca de dois a três anos, em que o noivo prepara um lar para eles. Ele mora na casa de seu pai enquanto prepara a casa de seu recém-casado.

Maria estava grávida sem a ajuda de José. Isso ocorreu antes de Joseph construir sua casa. Isso foi uma violação direta da ketubá, que autorizava José a se aproximar do Beth Din de sua sinagoga e pedir-lhes que rescindissem o contrato de casamento. De acordo com sua ketubá, esse casal era casado formalmente. O contrato foi assinado. É um grande elogio do caráter de José que ele quisesse fazer isso silenci-

---

[65] Gênesis 21:32; 1 Samuel 11: 1; Josué 9:6,15; Gênesis 31:10

osamente, sem muita divulgação. [66]

Quando estudamos o livro do Êxodo a partir desse contexto de casamento, você encontrará todos os cinco estágios da cerimônia de casamento. [67] Os judeus não vêem os Dez Mandamentos como um conjunto de regras e obrigações. Eles os vêem muito mais como uma ketubá, um contrato de aliança entre Deus e Seu povo. Eles até chamam essa passagem das Escrituras de "as dez palavras de Deus". Eles não são meros mandamentos; eles são o acordo legal entre dois parceiros iguais. As tábuas de pedra que contêm essas dez palavras são chamadas de "Tábuas do Testemunho". Eles foram preservados na "Arca do Testemunho".

O Poder da Lei de uma Aliança

Quando fazemos uma aliança, somos obrigados a respeitar o acordo que fizemos, mesmo se mais tarde descobrirmos que fomos traídos pela outra parte. Vemos um grande exemplo disso em Josué 9. Quando os israelitas entraram na Terra Prometida sob a liderança de Josué e começaram a conquistar de forma esmagadora, todos os reis daquela terra entraram em pânico. Eles viram como Josué lidou com Jericó e Ai e temeram por suas vidas.

Portanto, os cidadãos de Gibeon arquitetaram um esquema para seduzir Josué. Eles vestiram roupas muito velhas, carregaram suprimentos de pão mofado e partiram em uma viagem para encontrar Josué. Quando eles chegaram, eles o louvaram e honraram por tudo que Deus havia feito por meio dele. Você tem que admitir que esses homens foram muito corajosos.

No início, os israelitas estavam em alerta. "Por que devemos fazer uma aliança com vocês?" eles perguntaram. "Vocês podem estar vivendo aqui nesta terra entre nós."

"Não, não", disseram os gibeonitas. "Veja a nossa comida e os nossos odres. A comida era fresca e os odres novos quando saímos de casa. Veja, agora nosso pão está moldado e os odres se foram."

Os israelitas acreditaram nas mentiras dos gibeonitas, então Josué

---

66 Mateus 1:19-20
67 Mais pode ser encontrado em Wake Up! Publicado por Het Zoeklicht, 2014

e os homens de Israel fizeram um pacto com eles. Ao fazer isso, eles cometeram um grande erro. Esqueceram-se de aconselhar-se com o Senhor e foram enganados pela aparência dos gibeonitas e pelas suas belas palavras.

> *Então Josué celebrou uma aliança de paz com eles, garantindo poupar-lhes a vida, e os líderes da comunidade israelita confirmaram este juramento.*
>
> Josué 9:15

É sensato estar alerta quando as pessoas vierem até você e querendo fazer um acordo. Muitas vezes, isso acontece logo após seus primeiros grandes sucessos. Qualquer negócio que você fizer tem poder legal no céu, mesmo que a outra parte esteja mentindo para você. O Salmo 15 diz que podemos viver com Deus quando andamos retamente e trabalhamos em retidão. Davi nos diz que não podemos mudar nosso juramento, mesmo que soframos as consequências negativas desse juramento. [68]

A aliança feita com os gibeonitas era legal no céu. Quando os israelitas perceberam, três dias depois, que haviam sido traídos, eles estavam presos ao acordo que haviam feito porque juraram ao Senhor, o Deus de Israel. Josué ficou tão furioso com os gibeonitas que os amaldiçoou e os tornou lenhadores e carregadores de água para a congregação israelita pelo resto de suas vidas.

Não muito depois, os cinco reis dos amorreus atacaram os gibeonitas, que por sua vez enviaram um mensageiro a Josué e pediram ajuda, invocando a aliança que haviam feito com Israel. Josué foi obrigado a ajudá-los. Ele derrotou os cinco reis dos amorreus com uma grande demonstração de poder. Até o sol e a lua lutaram com Josué para lhe dar a vitória. Esta vitória é uma consequência direta da decisão de Josué de honrar a aliança que fez com os gibeonitas. Não apenas Deus, mas todo o céu estava por trás de Israel nesta batalha.

Quando Josué fez a aliança com os gibeonitas, esse acordo não era apenas válido para ele e os líderes do povo daquela época. Porque ele era um líder sobre Israel ordenado por Deus, a aliança tinha poder legal sobre todos os habitantes da nação de Israel. Mesmo depois da

---

[68] Salmo 15:4

morte de Josué, essa aliança ainda tinha poder legal. Ainda era válido quando, aproximadamente 500 anos depois, uma grande fome ocorreu em Israel durante o reinado do Rei Davi. Por três anos a terra não produziu frutos. Davi aconselhou-se com o Senhor perguntando sobre a causa da fome. A resposta que recebeu foi surpreendente: O derramamento de sangue caiu sobre a terra porque Saul havia quebrado os acordos que Josué fizera com os gibeonitas.

> *Durante o reinado de Davi houve um período de fome que durou três anos consecutivos. Então Davi buscou o conselho de* Yahweh, *que lhe disse: "A fome veio por causa da atitude de Saul e de sua família sanguinária, por terem assassinado os gibeonitas!"*
>
> 2 Samuel 21:1

As Alianças Tem Poder Sobre Muitas Gerações

Chegamos ao cerne da questão. Toda aliança tem o poder da lei, o que significa que cada parte pode ir a um juiz quando os acordos feitos no convênio não são respeitados. O poder legal de uma aliança é maior quando esta aliança foi selada com sangue. Isso também é verdade quando a aliança é feita por pessoas que estão em uma posição de autoridade reconhecida pelo céu. Um pacto tem maior poder legal quando os líderes de uma cidade, nação ou organização o fazem.

Satanás sabe muito bem que uma aliança é uma força obrigatória nas cortes do céu, especialmente quando é fortalecida com sangue. É por isso que ele seduz os líderes de uma nação para selar uma aliança de sangue com ele. Vemos um exemplo muito triste na história do Haiti.[69] Os primeiros líderes desta nação ganharam sua liberdade porque fizeram um pacto de sangue e, em troca, dedicaram a nação a Satanás.

Os escravos africanos sofreram sob o domínio dos franceses. No final do século XVIII, um grupo de escravos decidiu se rebelar contra eles. Os líderes dessa revolta fizeram uma aliança, em 1791, com os poderes espirituais de seus ancestrais. Eles sacrificaram uma gazela, um porco e uma cabra. Esses líderes beberam o sangue do porco e ju-

---

[69] From slave revolt to a blood pact with satan, E. McAlister, Wesleyan University 2012.

raram solenemente que prefeririam morrer a viver na escravidão. Pouco depois, eclodiu uma rebelião. Em 1804, a independência foi declarada. Nasceu a primeira república soberana de africanos no hemisfério ocidental.

O Haiti foi a primeira nação do mundo onde os escravos conseguiram sua liberdade com sucesso. Mas um preço enorme foi pago para tornar isso possível. Ainda hoje, mais de duzentos anos depois, os haitianos sofrem as consequências da aliança que seus ancestrais fizeram com Satanás. O Haiti é de longe a nação mais pobre do Hemisfério Ocidental. Faz parte da Ilha Hispaniola. A outra parte desta ilha é a República Dominicana e a diferença entre essas duas nações não poderia ser maior.

Nas imagens de satélite, você pode ver a fronteira entre essas duas nações. Do lado dominicano, existe uma prosperidade razoável. A expectativa de vida é alta e existem vários retiros turísticos. O lado haitiano da fronteira é drasticamente diferente. O solo é árido e infértil. A expectativa de vida é muito menor e uma grande parte dos cidadãos vive em pobreza extrema. Há 229 países listados em uma pesquisa econômica de 2016. A República Dominicana está em 74º lugar. O Haiti, por outro lado, está em 174º lugar. A Holanda está em 28º lugar em comparação.[70]

Toda aliança tem poder legal.

Exatamente 200 anos depois, em 1991, o presidente Jean-Bertrand Aristide renovou o pacto bebendo sangue de porco. Em 2010, houve um terrível terremoto no Haiti. Quando o evangelista Pat Robertson apontou para as diferenças entre as consequências do desastre ambiental entre o Haiti e a República Dominicana, ele sofreu uma torrente de críticas. Quando Robertson conectou os resultados desse terremoto com o pacto de sangue que foi feito com Satanás em 1791 e foi renovado em 1991, até mesmo a Casa Branca condenou sua declaração. É minha opinião que ele falou a verdade. Posteriormente, mais artigos foram escritos apoiando Robertson em sua opinião.

---

70   https://www.cia.gov/library/publications/the-world-factbook/rankorder/2001rank.html#dr

A Aliança É Uma Forma De Negociação

A força de uma aliança é fundamentada na equivalência de ambas as partes e na promessa de manter os termos do contrato. Se uma aliança é feita, ambas as partes negociam algo. Como vimos antes, o casamento é um exemplo de aliança entre duas pessoas. Ambas as partes são iguais. Ambas as partes concordam em trazer sua parte à mesa. Quando uma aliança é feita, ocorre uma troca. A aliança do casamento é selada com sangue, assumindo que ambos os parceiros sejam virgens quando entram nesta aliança.

O sacrifício de Jesus na cruz fortalece a maior aliança já feita na criação. É uma aliança entre o Deus Todo-Poderoso e a humanidade. Somos parceiros iguais de aliança aos olhos de Deus. Ele fez uma aliança conosco mesmo quando sabia que não éramos capazes de cumprir nossa parte no acordo. É por isso que Ele mesmo se tornou um ser humano e cumpriu todos os requisitos desta aliança como Filho do Homem. É por isso que temos direito às bênçãos da aliança que Deus fez com a humanidade. A maior negociação que a humanidade já conheceu foi feita na cruz. Derek Prince escreveu um livro sobre esta grande verdade.[71]

Você deve conhecer a canção de adoração popular intitulada, Trading My Sorrows.[72] A letra dessa música nos mostra o poder da cruz. O sacrifício de Jesus tem um tremendo poder legal nas cortes do céu. É lá que podemos trocar nossas doenças por cura, nossa pobreza por riquezas e nossa vergonha por honra.

> *E a vós outros, que estáveis mortos pelas vossas transgressões e pela incircuncisão da vossa carne; vos deu vida juntamente com Ele, perdoando todos os nossos pecados; e cancelou a escrita de dívida, que consistia em ordenanças, e que nos era contrária. Ele a removeu completamente, pregando-a na cruz; e, despojando as autoridades e poderes malignos, fez deles um espetáculo público, triunfando sobre todos eles na cruz.*
>
> *Colossenses 2:13-15*

O escrito de dívida mencionado nesta passagem é um documento

---

[71] Bought with Blood: The Divine Exchange at the Cross DPM International, 2000.
[72] Escrito por Israel Houghton & New Breed, 2001.

legal onde todas as evidências de nossos pecados são registradas. Satanás pesquisa esses dossiês a fim de apresentar queixa contra nós. Mas quando confessamos nossos pecados, todas as evidências que testificam contra nós são pregadas na cruz e destruídas. Mas, enquanto nos mantivermos em silêncio, a evidência ainda existe.

Quando nos humilhamos diante de Deus, podemos triunfar sobre todos os nossos inimigos e poderes nas trevas. É o sangue de Jesus que testifica em nosso favor e nos possibilita reivindicar as bênçãos registradas em Deuteronômio 28.

Este mecanismo de negociação é parte integrante do sistema judicial no céu. Toda transação legal feita no céu tem algo a ver com comércio. Podemos pensar que nossa salvação é gratuita, mas isso não é verdade. Alguém teve que pagar um preço terrível pela salvação de nossas almas. É por isso que glorificamos Jesus Cristo, o Filho do Deus vivo. Ele, por Sua morte, cumpriu todos os requisitos da lei da aliança, para que possamos obter o direito legal de nos tornarmos filhos de Deus.[73]

Só receberemos os benefícios da aliança quando estivermos dispostos a negociar algo em troca.

Sem essa troca, não é possível operar no reino dos céus. Os segredos do reino estão disponíveis apenas para os discípulos de Jesus. Mas só nos tornamos discípulos quando optamos por deixar tudo para trás para seguir Jesus. Esse é o preço a ser pago; o comércio sendo feito. Alguns acreditam que tudo no reino deveria ser de graça, mas isso é um equívoco e uma armadilha, justamente pelos motivos que mencionei aqui. Só receberemos os benefícios do convênio quando estivermos dispostos a negociar algo em troca.

É por isso que não acredito em educação espiritual gratuita e conferências. Não porque eu acredite que aquele que está ensinando você deva ganhar muito dinheiro. Em vez disso, é importante para aqueles que estão ouvindo. Quando você realmente deseja ser o dono da revelação, deve negociar algo em troca. Esses são os princípios que se apli-

---

73   João 1:12

cam à Terra e ao reino dos céus. Esta é a essência de fazer uma aliança; ambas as partes trazem algo para a mesa. É por isso que Jesus disse aos laodicenses que eles deveriam comprar dEle. Eles eram miseráveis, miseráveis, pobres, cegos e nus porque eram mornos e orgulhosos.

Portanto, ofereço-te este conselho: Adquire de mim ouro refinado no fogo, a fim de que te enriqueças; roupas brancas, para que possas cobrir tua vergonhosa nudez; e compra o melhor colírio para que, ao ungir os teus olhos, possas enxergar claramente.
Apocalipse 3:18

É o desejo de Deus que sejamos ricos, vestidos e possamos ver. Mas cabe a nós pagar o preço por isso - perguntar como podemos comprar Dele e como podemos pagá-Lo. Nem sempre é com dinheiro que trazemos nossa parte para a aliança. Pode ser nosso tempo, nossas habilidades e nosso cuidado com os outros. Esta é a essência de fazer uma aliança; ambas as partes comercializam algo que lhes é caro.

As Consequências No Tribunal Do Céu

Vimos as consequências de fazer um acordo. Uma aliança não é isenta de obrigações; somos compelidos a cumprir os requisitos da aliança. Essas obrigações são repassadas às gerações futuras, que também ficarão sob esses termos. É por isso que temos que lidar com todas as alianças feitas por nossos ancestrais.

No momento em que qualquer um de nossos ancestrais fez uma aliança com Satanás, estávamos sujeitos às consequências, mesmo que a aliança tenha sido feita em circunstâncias enganosas. Se esta aliança teve consequências adversas, somos, de acordo com as leis das dimensões celestiais, obrigados a cumprir os termos desta aliança. Cada aliança é um contrato que tem poder legal --- na terra e nas dimensões celestiais. Nosso adversário pode nos acusar perante o Juiz Celestial quando não guardamos os termos e acordos da aliança.

Este é precisamente o objetivo de Satanás - fazer alianças com os homens, com termos que lhe dêem o direito de controlar as gerações futuras. Podemos ver isso na Maçonaria. A pessoa que faz a aliança se beneficia diretamente dela durante sua vida. Um contrato é assinado onde a pessoa - em troca de poder, riqueza e proteção - dedica suas gerações futuras a Satanás. Satanás agora tem o direito legal de reivindicar o controle dessas vidas nas cortes do céu. Ele tem permissão legal para impedir que as gerações futuras alcancem seu destino dado por Deus. Esses acordos são sinistros porque foram feitos com os poderes das trevas. É possível que você não tenha feito nada de errado, mas esteja lidando com acordos secretos feitos por seus ancestrais.

Mas, por outro lado, esses princípios também podem ser aplicados aos acordos feitos por nossos ancestrais com o Deus Todo-Poderoso. Agora recebemos os benefícios desses contratos antigos. A questão é que esses benefícios também estão disponíveis para as futuras gerações que virão depois de nós. O preço para receber essas bênçãos e benefícios foi pago por Cristo na cruz. Observe que Deus diz, na ketubá que Ele fez com o povo de Israel, que para aquele que O servir mil gerações futuras depois dele serão abençoadas.[74]

George Otis Jr. escreveu extensivamente em seu livro, *The Twilight Labyrinth*, como as nações fizeram convênios com os poderes e principados nas trevas.[75] Nesse pacto, a nação pode receber proteção, por exemplo, de desastres ambientais. O líder que faz a aliança sempre recebe os benefícios durante sua vida. Vemos isso quando ditadores vivem como um rei no luxo e carregam contas bancárias secretas na Suíça, mas seu país está literalmente rendido aos demônios.

Existe uma condição - cada pacto deve ser renovado anualmente. Vemos isso nas alianças que Deus fez com Seu povo. Todos os anos, o sumo sacerdote entrava no Santo dos Santos e renovava a aliança que Deus fez com Moisés e foi selada com um sacrifício de sangue. Hoje em dia, vemos isso ocorrer com nossos festivais culturais. Enquanto o povo celebra, esses rituais são realizados silenciosamente em segundo plano, fortalecendo os pactos com sacrifícios de sangue.

Por exemplo, há um festival conhecido chamado Festival Hindu Dasain no Nepal, onde centenas de milhares de animais são abatidos e seu sangue corre pelas ruas para dedicar seu país aos ídolos. Outro exemplo são os países da América do Sul durante o carnaval, onde o sangue é sacrificado para renovar as antigas alianças.[76]

---

74 Êxodo 20:6
75 Publicado por Chosen books em 1997
76 http://blogs.reuters.com/faithworld/2009/02/21/llama-sacrifices-in-a-bolivian-mine-

Desfazendo Pactos

Isso levanta uma questão. Como podemos dissolver os pactos que nossos ancestrais fizeram com Satanás? Não estou falando apenas sobre nossas próprias vidas, mas também sobre cidades, nações e organizações. Discutiremos com mais detalhes na Parte 2 deste livro; aqui iremos falar de modo geral.

É importante compreender que apenas alguém com autoridade legal pode dissolver o pacto. O mandato que ele carrega deve ser reconhecido no céu. Como cidadãos, não estamos autorizados a dissolver um pacto com os poderes das trevas que foi feito por um prefeito de uma cidade ou pelo presidente de uma nação. A pessoa que dissolve a aliança deve ter o mandato adequado. Discutirei isso em um capítulo posterior.

Para dissolver um convênio, primeiro você deve renunciar a todos os benefícios recebidos. Este é um pré-requisito importante. Você precisa renunciar a todos os ganhos que teve - tudo o que Satanás ou outros poderes das trevas trocaram com você ou seus ancestrais. Isso pode incluir proteção, prosperidade, posição, riqueza ou poder.

Isso geralmente acontece quando criminosos condenados vêm a Jesus. O principal motivo de suas ações criminosas costumava ser o ganho financeiro. Sua riqueza financeira permitiu-lhes ter um estilo de vida exorbitante. Muitas vezes, o suprimento financeiro se esgota no momento em que eles se arrependem. Eles caem de uma grande riqueza para uma grande pobreza em muito pouco tempo. Esta é geralmente a fase mais difícil que eles encontram durante a recuperação. Quando eles perseveram, o poder que o inimigo tem sobre eles acaba sendo quebrado.

Quais são os passos?

Existem vários passos que você precisa seguir para dissolver uma aliança com Satanás. Começa com o arrependimento, por ou em nome da pessoa que originalmente fez o pacto. Em seguida, você renuncia publicamente a todos os benefícios obtidos com a aliança.

-at-carnival/

Invocamos o sangue do Cordeiro como propiciação por todas as exigências que foram feitas na aliança feita com Satanás. Jesus está ao nosso lado e é nosso advogado, intercedendo por nós.[77] O poder do sangue é ativado pelas palavras da confissão de nossos pecados.

Jesus então afirma que todas as evidências que testificam contra nós são destruídas porque foram pregadas na cruz por nossa confissão.[78] Isso também se aplica a todos os pactos feitos por nossos antepassados. Em vez da destruição de nossas vidas e destino, recebemos em troca o sangue de Cristo. Tente imaginar o que acontece no domínio do príncipe das trevas no momento em que confessamos nossos pecados.

É essencial que recebamos os papéis do divórcio quando o Juiz de todos dissolver o pacto. Uma vez que um convênio tem status legal, deve haver um documento oficial onde sua rescisão tenha sido registrada. Este documento também é mencionado por Moisés e é chamado de certificado de divórcio ou papel do divórcio. É importante que o juiz assine os papéis do divórcio. É um registro oficial nas cortes do céu declarando que não somos mais obrigados a guardar os termos do convênio. No momento em que somos acusados, precisamos apenas mostrar esses documentos importantes ao nosso acusador. Este documento revoga todos os direitos legais que Satanás tem de nos acusar, de nos impedir, de nos amaldiçoar ou de nos obstruir - mas somente se confessarmos nossos pecados neste assunto e invocarmos o sangue de Cristo.

> **É essencial que recebamos os papéis do divórcio quando o Juiz de todos dissolver o pacto.**

Assim que os documentos são assinados, fazemos uma nova aliança, mas esta é com nosso Deus e Pai. Declaramos que pertencemos a Ele e que temos o direito de receber os benefícios do maior pacto já feito. Esta aliança é fortalecida pelo sangue por meio do sacrifício de Jesus Cristo na cruz.

---

77 1 João 2:1
78 Colossenses 2:14

O Sacrifício da Cruz é Suficiente?

Eu entendo quando os cristãos perguntam: "Jesus não venceu Satanás na cruz? Por que temos que fazer todas essas coisas difíceis na corte do céu?"

É verdade que Jesus fez um espetáculo público de todos os principados demoníacos. Jesus está sentado à direita de Seu pai. Ele entrou na glória de Seu Pai e é coroado com todo o poder, glória e beleza. Isso tudo é verdade. Mesmo assim, Jesus está esperando por algo mais. Ele espera até que todos os Seus inimigos sejam submetidos por estrado de seus pés.

> *Jesus, no entanto, havendo oferecido para sempre, um único sacrifício pelos pecados, assentou-se à direita de Deus, aguardando, daí em diante, até que seus inimigos sejam submetidos por estrado de seus pés.*
>
> Hebreus 10:12-13

Depois que Jesus ascendeu ao céu com as nuvens de testemunhas, Ele foi levado perante o Ancião de Dias. Lá Ele foi coroado e recebeu toda honra e glória. Ele obteve o direito de sentar-se à direita de Seu Pai.

Mas, mesmo assim, a batalha na terra continua. Lemos isso no sétimo capítulo de Daniel. Os santos do Altíssimo enfrentam uma batalha feroz; alguns não sobrevivem. Mesmo assim, a guerra continua. Ainda existem poderes das trevas que não dobraram seus joelhos. Ainda assim, as nações se enfurecem e se rebelam contra o trono. O povo trama uma coisa vã contra o Senhor e Seu Ungido. Isso fala de Jesus sentado ao lado de Seu Pai depois que Ele morreu na cruz e ascendeu.

> *Os reis da terra preparam seus ardis e, unidos, os governantes conspiram contra o SENHOR e contra o seu Cristo, proclamando: "Façamos em pedaços os seus laços, sacudamos para longe de nós seus vínculos!"*
>
> Salmo 2:2-3

Nos últimos 40 dias em que Jesus andou pela terra, Ele falou bastante intencionalmente com Seus discípulos. Eles não ficaram relembrando o passado. Eles não falaram sobre todos os milagres, sinais e maravilhas que Jesus fez. Eles não falaram sobre a reação do Sinédrio depois que Ele ressuscitou dos mortos. Não, Jesus fala com eles sobre o reino dos céus. Essa era a única coisa que importava para ele.[79] Durante esse tempo, eles receberam o mandamento de submeter todos os Seus inimigos aos pés de Jesus, no poder do sacrifício da cruz e do Seu sangue. *Vá para o mundo inteiro e proclame o Evangelho do reino dos céus a todas as nações ...*

Aparentemente, o mandamento de derrubar Seus inimigos é tão importante que é registrado sete vezes na Bíblia. Este é o mandamento que Cristo deu à Sua igreja e que esquecemos por séculos. É nosso dever colocar todos os Seus inimigos submetidos por estrado de Seus pés. A questão importante agora é: "Onde está localizado este banquinho?" O livro de Atos revela isso.

> *'O céu é o meu trono, e a terra o estrado dos meus pés. Que espécie de casa podereis me construir, diz o Senhor, ou ainda, onde seria o lugar do meu repouso?*
>
> *Atos 7:49*

Esta passagem revela a relação entre o trono e o estrado de Jesus. Não conquistamos o inimigo lutando no campo de batalha. Nós os conquistamos primeiro nas cortes do céu, onde a justiça é alcançada e os veredictos são proferidos.

É muito importante entendermos que o reino dos céus se baseia na retidão e na justiça. Tudo o que acontece no reino tem um status legal. Cada chamado, unção e sacrifício que foi feito tem uma base legal. A igreja tem a tarefa de revogar todo direito legal que o inimigo possui de domínio sobre a terra. Enquanto houver seres humanos na terra que fazem alianças com Satanás, ele tem controle e domínio no território e na esfera de influência dessa pessoa. Quanto mais alta a posição que a pessoa tem na terra, maior é o controle que Satanás tem naquele domínio.

O sacrifício de Jesus na cruz tem o maior poder legal. Jesus testifica no céu em nosso nome, mas um assunto só pode ser estabelecido pela boca de duas ou três testemunhas.[80] É por isso que as pessoas que

---

79   Atos 1:3-9
80   Deuteronômio 19:15

vivem na Terra precisam dar seu testemunho nas cortes do céu. Esta é uma das razões pelas quais fomos enviados aos confins da terra; para trazer testemunho de todas as regiões da terra para o céu. É importante que nosso testemunho esteja de acordo com o testemunho de Jesus.

Ser uma testemunha significa mais do que apenas contar a história da morte e ressurreição de Jesus. A Bíblia usa a palavra "testificar" para dar uma declaração oficial em um tribunal. A palavra grega para testemunho é martys, de onde vem a palavra mártir. Um mártir é alguém que está disposto a falar a verdade, mesmo que isso lhe custe a vida. Jesus nos pede para sermos testemunhas na terra para que o céu e a terra ofereçam um único e mesmo testemunho. Devemos testificar da terra nas cortes do céu e concordar com o testemunho que Jesus está dando lá.

Vencemos o inimigo primeiro nas cortes do céu, onde a justiça é alcançada e os veredictos são proferidos.

É assim que a vontade de Deus pode ser feita na terra. Agora Ele pode dar um veredicto que está unido à Sua paixão por nós. É por isso que nós, como Corpo de Cristo, devemos derrotar o inimigo nas cortes do céu primeiro. Então veremos a retidão e a justiça feitas na terra. Somente quando todos os inimigos forem conquistados e transformados em estrado, Jesus retornará triunfantemente como o Rei dos Reis em meio a todos os Seus santos que venceram.

Conclusão

Cada aliança feita na terra tem poder legal no céu. Seja entre pessoas, tribos, nações ou com os poderes das trevas, cada parte é obrigada a cumprir os termos da aliança. A dissolução de uma aliança só pode ser feita por alguém que tenha o mandato certo para fazê-lo. Vimos como as gerações posteriores estão vinculadas aos termos da aliança. Portanto, sejamos diligentes em pesquisar as obrigações, juramentos e convênios que nossos ancestrais nos deixaram como herança - tanto o bem quanto o mal.

Jesus está sentado no trono à direita de Seu pai. Ele está esperando até que todos os Seus inimigos sejam transformados em escabelo. A terra é o escabelo de seus pés; cabe a nós vencer todos os inimigos da cruz. Não fazemos isso lutando contra eles na terra. Fazemos isso nas cortes do céu, retirando todo fundamento legal que dá a Satanás o direito de ter domínio sobre a terra. É assim que somos vitoriosos sobre todos os inimigos de Cristo e fazemos deles um estrado para Seus pés. É isso que Jesus está esperando. Isto é o que Hebreus 10:13 tenta nos dizer: Jesus está esperando desde então "até que os seus inimigos se tornem estrado de seus pés".

Somente depois de tratarmos dos fundamentos legais nas cortes do céu, podemos ser vitoriosos na terra. É por isso que a revelação das cortes do céu é tão importante e somos chamados a testificar lá. Precisamos erguer nossa voz da terra para que seja ouvida no céu para que os testemunhos no céu e os testemunhos da terra sejam um. Essa é a base para a execução do veredicto sobre os inimigos de Deus.

No próximo capítulo, veremos o mandato que temos para operar nas cortes do céu. A premissa que temos é nosso destino, como recebemos de nosso pai.

7

Qual é Nosso Mandato?

Esta pergunta sobre o nosso mandato pessoal é muito importante e vamos respondê-la a seguir. Operar nas cortes do céu será extremamente difícil se não soubermos qual é o nosso mandato pessoal.

Para responder a essa pergunta, primeiro temos que entender o significado de um mandato. Quando você recebe um mandato, está autorizado a agir em nome de alguém, mas a responsabilidade final permanece com a pessoa que o mandou.

Darei um exemplo de como um mandato pode funcionar na vida normal. Suponha que você seja o agente de compras de uma empresa. Você é responsável por manter os suprimentos que mantêm a produção em andamento. Seu empregador o obrigou a entrar em contato com os fornecedores para comprar e pagar pelos itens necessários. Você não é responsável pelo saldo da conta; seu empregador é. Mas há um limite. Se o seu pedido exceder um limite predefinido, você deve entrar em contato com o seu empregador. E, claro, você não pode comprar coisas pessoais por conta do seu empregador. Você precisa de um mandato para cumprir seu trabalho e seu empregador o manterá responsável pelas transações.

O Pergaminho e o Conselho do Senhor

Jesus veio à Terra a fim de cumprir a tarefa que estava escrita de antemão no livro de Sua vida. Tudo o que aconteceu na vida de Jesus foi o resultado de um Conselho do Senhor. Vemos que Pedro e João sabiam sobre esses decretos do Santo. Quando eles voltam da sessão do tribunal no Sinédrio, eles testemunham:

7 | Qual é Nosso Mandato?

> *Porque verdadeiramente se ajuntaram, nesta cidade, contra o teu santo Servo Jesus, ao qual ungiste, não só Herodes, mas também Pôncio Pilatos com os gentios e os povos de Israel; para fazerem tudo o que a tua mão e o teu conselho predeterminaram que se fizesse.*
>
> Atos 4:27-28 [JFA]

Até mesmo Paulo estava ciente de que os planos de Deus para sua vida foram determinados antes de ele nascer. Ele foi separado e equipado para cumprir a tarefa que Deus preparou para ele. Nós também estamos na Terra para fazer as boas obras que Deus ordenou.[81] Ele nos equipa e nos dá tudo de que precisamos para ter sucesso.

> *Mas, quando aprouve a Deus, que desde o ventre de minha mãe me separou, e me chamou pela sua graça, revelar seu Filho em mim, para que eu o pregasse entre os gentios...*
>
> Gálatas 1:15-16(JFA)

Todos recebem um pergaminho do céu. Esses pergaminhos contêm a tarefa que Deus dá a cada ser humano. Quando estamos na Terra, é nosso dever cumprir essa designação. Ele nos chamou por meio de Sua graça e nos equipou para ter sucesso. Essa é a essência do nosso destino. Vemos na vida de Jesus que Ele estava plenamente ciente de sua missão.

> *Pelo que, entrando no mundo, diz: Sacrifício e oferta não quiseste, mas um corpo me preparaste; não te deleitaste em holocaustos e oblações pelo pecado. Então eu disse: Eis-me aqui (no rol do livro está escrito de mim) para fazer, ó Deus, a tua vontade.*
>
> Hebreus 10:5-7

Cumprimos nosso destino na Terra quando executamos com êxito todas as designações que recebemos pelo Conselho do Senhor. Vemos isso na vida de David. Ele morreu somente depois de realizar tudo o que foi escrito sobre ele no Conselho do Senhor.

---

[81] Efésios 2:10

> *Pois Davi, depois de ter servido ao conselho de Deus em sua própria geração, adormeceu e foi entregue a seus pais, e experimentou a corrupção.*
>
> Atos 13:36 [ASV]

Cada decisão tomada pelo trono é chamada de conselho do Senhor. Também vemos isso no sistema governamental holandês. Todas as leis decretadas pelo governo e todas as nomeações formais devem ser assinadas pelo rei dos Países Baixos. Só depois de o rei assinar o documento é que ele ganha força de lei. O documento no qual a decisão do rei é registrada é chamado de Decreto Real.

Imagine que alguém está gravemente doente e provavelmente morrerá antes do tempo, em uma idade e de uma maneira que não está de acordo com o plano e a intenção de Deus. De acordo com este versículo, recebemos o mandato de orar por aqueles que estão doentes ou morrendo antes de chegar a sua hora, porque sua tarefa não terminou. Quando oramos por eles nas cortes do céu, é essencial que não supliquemos de acordo com as emoções que experimentamos naquele momento.

Quando estamos em um tribunal, o juiz não julga de acordo com as emoções do caso, mas de acordo com a legalidade das ações de ambas as partes; de acordo com os princípios de retidão e justiça. Nossa defesa em tribunal é baseada na realização de nosso destino e em tudo o que está escrito no conselho do Senhor. Se alguém não cumpriu seu destino dado por Deus, conforme registrado em seu pergaminho, podemos implorar perante o Juiz que o inimigo não pode destruir sua vida. Vemos isso na vida de Jó. Deus não permite que Satanás mate Jó.

> *Então Yahweh declarou a Satanás: "Eis que meu servo está entregue em tuas mãos; contudo, poupa-lhe a vida!"*
>
> Jó 2:6

O Mandato está Ligado ao Nosso Destino

O destino que Deus deu a você é uma tarefa única e pessoal. Não há ninguém na Terra que possa cumprir sua designação da maneira pela qual você o faz. Portanto, é inútil ter ciúme do ministério de outra

7 | Qual é Nosso Mandato?

pessoa.

Mas você pode aprender algo quando está com ciúme. Você só fica com ciúme de alguém que tem um destino semelhante ao seu. Cada vez que você diz a si mesmo: "Eu poderia fazer isso melhor" ou "Por que eles não estão me pedindo para fazer isso?" você é provocado em seu espírito. Pessoas que têm destinos semelhantes estão espiritualmente conectadas de uma forma ou de outra.

Mas você recebeu sua própria missão de Deus. Tudo o que acontece em sua vida pode e será usado por Ele para ajudá-lo a cumprir sua tarefa.[82] Ele o chamou de acordo com o Seu propósito. Ele deu a você seu talento, suas habilidades, a personalidade certa e o mandato para cumprir esta tarefa com sucesso.

O inimigo sabe disso muito bem. Ele tentará de qualquer maneira impedi-lo de cumprir sua tarefa, porque todo mundo que percebe seu destino dado por Deus é uma ameaça direta para o domínio de satanás. O adversário de Deus não aguenta quando temos sucesso no reino dos céus. Ele fica furioso quando os filhos de Deus percebem seu potencial na terra, mesmo que seja apenas uma pessoa.

Esse foi o caso de Haman, o agagita, o inimigo dos judeus, conforme lemos no livro de Ester.[83] Enquanto todos estavam ajoelhados diante dele como o rei ordenou, Hamã ficou furioso quando um homem se recusou a fazer isso: Mordecai, o judeu.

Isso incitou o ódio em Haman, mas esse ódio foi sua ruína. Deus só precisava de um homem, Mordecai, para derrubar o arquiinimigo de Israel. Foi assim que ele cumpriu sua tarefa dentro do mandato dado por Deus. Foi Mordecai quem acabou por assumir a posição de Hamã. Onde o inimigo tentou destruir uma nação, Deus interveio porque havia uma pessoa ainda de pé.

Nosso mandato está ligado ao nosso destino e a posição que temos no céu.

Quando estamos no tribunal móvel, nosso mandato lá está diretamente conectado à nossa tarefa, conforme está escrito em nosso per-

---
82   Romanos 8:28
83   Ester 3:1-5

gaminho. Quando o inimigo se coloca contra nós, nosso único pedido no tribunal do céu é o cumprimento de nosso destino. Não devemos implorar por nossas necessidades pessoais, nossas emoções, a angústia que estamos experimentando ou por ajuda para nossos problemas. [84] Ele nos livra de nossos inimigos, não de nossos problemas. No tribunal móvel, tudo se resume ao cumprimento de nosso destino dado por Deus, conforme registrado e ratificado pelo conselho do Senhor. Essa é a base do nosso processo judicial e esse é o fundamento jurídico do nosso mandato.

Foi isso que Moisés fez quando implorou pela salvação de sua nação diante de Deus. Deus estava muito zangado com Israel porque Ele estava profundamente ferido por suas ações e pecados. Ele queria destruir a nação e fazer de Moisés uma grande nação. Mas Moisés argumentou vigorosamente com Ele, lembrando-O de Suas promessas e do destino da nação de Israel.

> *Moisés, no entanto, suplicou a* Yahweh, *seu Deus, e disse: "Por que, ó* Yahweh, *se acende o teu furor contra o teu povo, que tiraste da terra do Egito por meio de teu braço forte e muitos milagres? Por que os egípcios haveriam de blasfemar contra Ti, exclamando: 'Foi com intenção maligna que Ele os fez sair da terra do Egito, para exterminá-los nos montes e bani-los da face da terra'! Abranda, pois, o furor da tua santa ira e reconsidera o castigo que pretendias impor ao teu povo. Recorda-te dos teus servos Abraão, Isaque e Israel, aos quais juraste por Ti mesmo, dizendo: 'Multiplicarei a vossa descendência como as estrelas do céu e, toda a terra que vos prometi, dá-la-ei a vossos filhos para que a possuam para sempre'. E sucedeu que o SENHOR arrependeu-se do castigo que ameaçara impingir àquele povo.*
>
> *Êxodo 32:11-14*

Moisés usou uma arma poderosa nesta sessão do tribunal. Ele lembrou a Deus das promessas que fez aos descendentes de Abraão a respeito de seu destino. Deus se comprometeu sob juramento com o povo de Israel. Cada promessa que Deus decreta de Seu trono é escrita em uma decisão do conselho, decreto real ou conselho do Senhor. A base

---

84   Salmo 7 e muitos outros

para o apelo de Moisés é encontrada nesses pergaminhos celestiais.

A Extensão de Nosso Mandato

A extensão de nosso mandato nas cortes do céu está diretamente conectada com as promessas e as designações registradas no céu. Cada pessoa tem o mandato de pleitear a realização de seu próprio destino. Deus nos concedeu o direito de silenciar todas as línguas que falam contra nós nas cortes do céu.

"Não prosperará nenhuma arma forjada contra ti; e toda língua que se levantar contra ti em juízo, tu a condenarás; esta é a herança dos servos do Senhor, e a sua justificação que de mim procede, diz o Senhor."

Isaías 54:17(JFA)

Este versículo afirma claramente que temos o mandato de testemunhar nas cortes do céu. É nossa herança; na verdade, é nosso dever. Quando não cumprirmos nosso destino, o reino dos céus sofrerá. Todo destino destruído é uma vitória do inimigo de Deus. É vital que saibamos qual é nosso destino e que estejamos cientes de nossas responsabilidades, na terra como no céu.

O mandato que recebemos de Deus está diretamente relacionado com a responsabilidade que carregamos. Essa responsabilidade está ligada ao nosso destino, à função que temos, ou ao cargo que exercemos. Tudo está escrito em nosso pergaminho pessoal, e é importante que o leiamos e o façamos nosso.

Às vezes, não somos apenas responsáveis pela realização de nosso próprio destino, mas também pelos destinos dos outros. Pode ser que Deus nos tenha dado uma posição na qual temos a responsabilidade de levar as pessoas que estão sob nossos cuidados diante do Senhor. Quando estamos diante de Deus, imploramos e pedimos perdão em seu nome. Desta forma, concedemos a Deus o direito de perdoá-los e abençoá-los.

O mandato que recebemos de Deus está diretamente relacionado com a responsabilidade que carregamos.

Às vezes, outras pessoas podem nos pedir para agirmos em seu nome. Por exemplo, isso acontece em um tribunal terreno onde somos representados por um advogado. Atribuímos ao advogado um mandato para defender o nosso caso perante o juiz. Nas Escrituras, vemos que os líderes das cidades de Israel pediram aos profetas que orassem por sua cidade. Um exemplo conhecido é quando os líderes de Jericó pediram a Eliseu que orasse pela esterilidade da terra.[85]

O Mandato para Advogar

Um advogado amigo meu contou-me a história de um processo judicial em que representou legalmente alguém em uma questão jurídica. Em nome do seu cliente, apresentou várias reclamações como autor, a fim de evitar o despejo de sua residência. O proprietário foi autorizado a defender o seu caso perante o juiz, mas ele próprio não esteve presente durante a sessão. Em vez disso, ele enviou um oficial de justiça para representá-lo.

Quando o juiz permitiu que o réu falasse, ele perguntou ao representante do proprietário quem ele era e quem estava representando. O oficial de justiça disse ao juiz que representava o proprietário e começou a falar com o juiz sobre o assunto.

Mas o juiz o deteve e não permitiu que falasse na sessão do tribunal. Falar era um direito disponível apenas para o proprietário ou seu advogado. Como o querelante não era nenhum dos dois, ele não teve permissão para falar em nome do proprietário. Ele não tinha mandato legal para representar o proprietário.

O oficial de justiça se opôs, dizendo ter feito isso em vários outros casos em todo o país. Mas o juiz manteve-se firme, afirmando que presidia a este tribunal e que seguiria rigorosamente a lei. O juiz concedeu todas as reivindicações ao cliente do meu amigo. Neste caso,

---

[85] 2 Reis 2:19-22

vemos que é muito importante comparecer em tribunal com o mandato certo para advogar.

Satanás é nosso adversário nas cortes do céu, e ele usará todos os truques legais do livro para nos impedir de defender nosso caso. Ele sabe que, se pleitearmos da maneira certa, seu caso já estará perdido. Se vamos advogar em nome de outra pessoa, precisamos cumprir o mandato adequadamente.

Não apenas as pessoas têm um destino celestial, mas também cidades, distritos, estados e nações. Até mesmo corporações e organizações podem ser reconhecidas no céu e ter um pergaminho com seu destino escrito nele. Neste pergaminho também está escrito quem é o responsável pela realização deste destino. Pode ser uma pessoa, um conselho de administração ou um funcionário do governo. Somente essas pessoas têm permissão, em princípio, de representar ou pleitear por sua organização ou nação nas cortes do céu. No entanto, é possível que outras pessoas recebam o mandato para falar em seu nome no tribunal.

Quando alguém implora nas cortes do céu por uma nação, cidade ou organização, o inimigo fica muito atento para saber se você tem ou não o mandato adequado. Se você não tiver o mandato adequado, o inimigo pode pedir ao juiz que declare seu fundamento inadmissível no tribunal. Isso é o que acontece com muitos intercessores. Apesar da enorme paixão que eles têm quando oram, seus pedidos não são permitidos no tribunal porque eles não têm o mandato certo. O juiz não pode considerar seu depoimento ou fundamentos quando ele decide um caso.

Portanto, é tão importante saber se você tem o mandato adequado ao pleitear por sua nação ou cidade, porque seu mandato está sempre conectado com a responsabilidade dada por Deus e o resultado.

O Mandato para Julgar

Temos mandato para julgar? Estamos autorizados a dar um veredicto? Muitos cristãos acreditam que somente Deus tem autoridade para julgar. Eles se referem ao Sermão da Montanha em Mateus, onde Jesus diz que não devemos julgar. Claro, isso é verdade, mas Jesus ainda não acabou de falar. Há uma razão pela qual não devemos julgar.

Não julgueis, para que não sejais julgados. Pois com o critério com que julgardes, sereis julgados; e com a medida que usardes para medir a outros, igualmente medirão a vós. Por que reparas tu o cisco no olho de teu irmão, mas não percebes a viga que está no teu próprio olho?

Mateus 7:1-3

Não devemos julgar se temos uma trave em nosso próprio olho. Só depois de tirarmos a trave do nosso olho é que podemos ajudar nosso irmão.

Mais uma vez, quero enfatizar o que acontece com nossas emoções quando ouvimos a palavra julgamento. Frequentemente, temos uma resposta negativa, que está enraizada no medo que temos do julgamento final. Mas Jesus está falando sobre tomar uma decisão sobre o bem e o mal, não sobre o julgamento final.

Não julgueis de acordo com a aparência, mas decidi com justos julgamentos."

João 7:24

Se é verdade que um cristão não pode julgar, então nenhum cristão jamais poderia ser um juiz terreno. Acho que todos nós sabemos que precisamos de juízes para defender a lei e a ordem na sociedade. Sem um sistema judicial adequado, as pessoas Afariam apenas o que é bom aos seus próprios olhos. O caos e a anarquia estariam livres para reinar. Todas as sociedades e comunidades precisam de uma administração de justiça para resolver os conflitos. Jesus está nos alertando para não julgar quando nosso próprio julgamento está obscurecido. Enquanto houver uma viga em nossos olhos, devemos nos conter para não julgar. Pela medida que usamos para julgar, seremos julgados.

A palavra grega para julgar é krino. Este verbo aparece 115 vezes no Novo Testamento. Algumas dessas passagens falam sobre o julgamento final e outras mencionam o julgamento que é colocado nas mãos de Jesus. Mas também há passagens onde Paulo explica que os santos de

7 | Qual é Nosso Mandato?

Deus têm o mandato de julgar.

> *Atreve-se alguém entre vós, quando há litígio de um contra o outro, levar o caso para ser julgado por pessoas pagãs e não pelos próprios santos? Ou desconheceis que os santos julgarão o mundo todo? E, se o mundo será julgado por vós, como sois incompetentes para julgar assuntos de tão menor importância? E mais, não sabeis vós que iremos julgar inclusive os anjos? Quanto mais as demandas triviais desta vida!*
>
> 1 Coríntios 6:1-3

A situação em Corinto estava começando a ficar fora de controle. A tensão entre os membros desta igreja estava aumentando. As pessoas estavam tomando partido e a unidade do corpo de Cristo estava sendo ameaçada. Paulo escreveu sobre isso em sua primeira carta. Os membros da primeira igreja começaram a buscar justiça em tribunais seculares por aqueles que não são qualificados ou mandatados para julgar sobre questões espirituais.

Paulo disse que eles estavam errados, referindo-se indiretamente ao tribunal local: o Beth Din da sinagoga (como mencionei anteriormente). De acordo com os regulamentos judaicos, os membros do Beth Din foram incumbidos de dar um veredicto sobre conflitos internos entre os membros da sinagoga. Era errado os membros da igreja em Corinto buscarem justiça ali. Paulo até mesmo os lembrou de que os santos do Altíssimo não julgam apenas o mundo, mas também os anjos.

> Somos reis e sacerdotes diante de Deus porque estamos assentados com Ele.

Se os santos têm o mandato de julgar os anjos, então eles certamente devem ter o mandato de julgar as coisas que pertencem a esta vida normal. Somos designados para julgar com Cristo, não apenas no futuro, mas também hoje.

Vou tentar explicar isso. Cristo está assentado nos lugares celestiais muito acima de todo principado, poder, poder e domínio. Ele governa sobre eles. Ele é a Cabeça de todas as coisas.

Pela misericórdia de Deus, nós também ressuscitamos dos mortos e vivemos. Estamos sentados com Cristo nos lugares celestiais no trono, ao lado do pai. Paulo explica isso em Efésios 1: 20-2: 8

Um trono é um lugar para dar um veredicto de julgamento, pois está intimamente ligado ao cargo e posição de um rei. Somos sacerdotes e reis diante de Deus porque estamos sentados com ele. Esta é a posição a partir da qual julgamos o mundo e os anjos. É um privilégio e mandato que nos é dado.

Mas a maioria de nós perde esta oportunidade de governar porque não temos certeza se temos permissão ou mandato para fazer isso. Quase não ousamos apresentar nossos problemas diante de nosso Deus, e estamos apenas parcialmente convencidos de que Ele nos ouve. Não assumimos a responsabilidade de julgar o inimigo. Esperamos que nosso papai no céu resolva todos os nossos problemas. Mas essa não é uma atitude madura.

Quando nos convertemos ao Cristianismo, éramos como criancinhas, dependentes unicamente dos outros. Precisávamos ser alimentados, nutridos e vestidos. Outros eram responsáveis por nosso bem-estar e frequentemente pedíamos ajuda. Mas Deus quer que nos tornemos filhos maduros. Ele nos chamou para sermos responsáveis pelo que está acontecendo na terra. Ele nos deu a missão de estabelecer Seu reino aqui. Ele nos chamou para nos tornarmos reis e sacerdotes no céu. É dever dos reis julgar e dar um veredicto de seu trono; para dispersar todo o mal com Seus olhos.

Assentando-se o rei em seu trono, para julgar, com apenas um olhar discerne o que está ocorrendo de mal.

Provérbios 20:8

Quando não há rei na terra, o caos e a anarquia se espalham. Cada um faz o que parece melhor aos seus próprios olhos. Vemos esse princípio em ação no livro do Juiz - uma parte da Bíblia totalmente dedicada à função e posição dos juízes na nação de Israel. Lemos história após história de juízes que surgem quando a nação está em perigo. Eles trazem justiça à nação e dão veredictos. Cada um desses doze juízes traz a nação de volta para Deus. Mas, infelizmente, quando cada juiz morreu, a nação novamente se afastou do Senhor.

7 | Qual é Nosso Mandato?

> *Naquela época, não havia rei em Israel; cada pessoa fazia o que lhe parecia certo.*
>
> *Juízes 17:6 e 21:25*

Todos entendem que esta não é uma condição saudável para nenhuma nação. Uma nação sem juízes terminará no caos. Alguns acreditam que as regras e regulamentos apenas limitam sua liberdade, mas nada poderia estar mais longe da verdade. O estado de direito garante nossa liberdade; é importante assumir nossa posição nas cortes celestiais, a fim de defender nossa nação.

Isso significa que precisamos crescer e aceitar as responsabilidades de nos tornarmos filhos. Frequentemente, isso nos leva a um lugar de conflito interno. Por um lado, queremos receber o poder e a glória que está conectado à filiação madura, mas, por outro lado, não queremos pagar o preço por isso. Quando nos colocamos à disposição para assumir essa responsabilidade, recebemos o mandato de pleitear nas cortes celestes e de proferir veredictos.

É nosso dever treinar nossos sentidos para sermos capazes de discernir o bem e o mal.

> *Temo que a maioria de nós seja muito dependente do leite e incapaz de digerir alimentos sólidos. Preferimos ser príncipes que podem fazer o que quisermos e celebrar a vida ao máximo, em vez de nos tornarmos reis. Ainda não aprendemos a receber oráculos de Deus e aplicá-los em nossas vidas. Afinal, o leite é o alimento digerido de outro ser vivo. Somos inexperientes na palavra de justiça e não desenvolvemos nossos sentidos para discernir.*

> *Porque, devendo já ser mestres em razão do tempo, ainda necessitais de que se vos torne a ensinar os princípios elementares dos oráculos de Deus, e vos haveis feito tais que precisais de leite, e não de alimento sólido. Ora, qualquer que se alimenta de leite é inexperiente na palavra da justiça, pois é criança; mas o alimento sólido é para os adultos, os quais têm, pela prática, as faculdades exercitadas para discernir tanto o bem como o mal.(JFA)*
>
> *Hebreus 5:12-14*

É nossa missão treinar nossos sentidos para sermos capazes de discernir o bem e o mal. Este é o significado da raiz da palavra grega krino. Quando damos um veredicto, discernimos entre o bem e o mal. Devemos ser aqueles que permitem que nossas vozes sejam ouvidas na terra: "*Isso é injustiça. Não permitiremos.*" Deixemos de lado o temor e a insegurança e tomemos nossas posições como filhos de Deus.

Agora é a hora de colocar isso em prática e aprender como dar um veredicto justo. Não fazemos isso com a intenção de punir as pessoas ou de provar que estamos certos, mas para sermos cheios de compaixão, misericórdia, verdade e amor. Julgamos da mesma maneira que queremos ser julgados pelo Senhor. Portanto, Jesus pode implorar por nós porque Ele foi testado da mesma forma que nós. Ele sabe como pode ser difícil andar na Terra em retidão enquanto experimenta tentações e desejos. Jesus tem o mandato de implorar por nós porque Ele venceu todas as tentações. Esta é sua designação como sacerdote na casa de Seu Deus.

Portanto, pode também salvar perfeitamente os que por ele se chegam a Deus, porquanto vive sempre para interceder por eles.
Hebreus 7:25(JFA)

O Mandato para Executar o Veredito

Falei muito sobre o mandato de pleitear e julgar. Mas também recebemos outro mandato. Este segundo mandato vai além da permissão para julgar. Isso nos dá autoridade para executar um veredicto.

Como já disse, nosso mandato está diretamente relacionado com nosso destino e posição. Recebemos o mandato de executar o veredicto quando atingimos a maturidade da filiação; quando nos dispomos e somos capazes de assumir responsabilidades no reino dos céus.

Encontramos a base para esse mandato no livro dos Salmos. Lemos que executamos um julgamento por escrito e a maneira como o fazemos.

7 | Qual é Nosso Mandato?

> *Regozijem-se nessa glória os fiéis e cantem, jubilosos o dia todo e ao deitar! Altos louvores a Deus estejam sempre em seus lábios; em suas mãos, a espada de dois gumes: para exercer vindicação entre as nações, e castigo sobre os pagãos; para prender seus reis com grilhões, e com algemas de ferro, seus nobres; para executar contra eles a sentença escrita. E assim, em esplendor e felicidade louvá-lo-ão todos os seus devotos: Louvado seja o Eterno! Aleluia!*
>
> Psalm 149:5-9

Este Salmo é uma canção triunfante para os santos do Senhor. Recebemos autoridade de Deus para executar um julgamento por escrito sobre nossos inimigos. Temos a espada de dois gumes em nossas mãos e os louvores a nosso Deus em nossos lábios. É o desejo do Pai que conquistemos nossos inimigos porque eles também são Seus inimigos. Nós executamos os veredictos sobre os inimigos de Deus na terra.

Nos últimos vinte anos, estive intimamente envolvido com o ministério de libertação em nossa igreja. Quando iniciamos este ministério em 1996, tínhamos muitos entre nós que haviam enfrentado grandes traumas em suas vidas, como formas graves de abuso ritual. Isso resultou em tormento por demônios e poderes das trevas. O que eles vivenciaram foi muito intenso e eles tentaram encontrar ajuda durante anos. Mas nada parecia funcionar ou ajudá-los.

Em primeiro lugar, somos chamados para abençoar e amar as pessoas que se levantam contra nós.

Um dia, nossa igreja encontrou alguém que nos ensinou uma nova maneira de orar por libertação. Este ensino foi considerado uma chave decisiva para a libertação e redenção de nossos membros atormentados da igreja. A essência desta chave é que não lutamos contra o demônio; antes, abrimos um caso nos tribunais do céu. Convocamos os demônios para ir até lá e os responsabilizamos por toda a miséria que causaram às suas vítimas. Você realmente não pode imaginar o que isso significou para essas vítimas de abuso ritual quando literalmente viram que os demônios tinham que responder ao Juiz pelo que fizeram. Esses heróis de Deus puderam ver com seus próprios olhos como o veredicto do Juiz Todo-Poderoso foi executado sobre os demônios.

Os resultados dessas sessões foram e ainda são incríveis. Vimos a grandeza do sacrifício de Jesus com nossos próprios olhos. Um dos momentos-chave em cada sessão foi a execução do veredicto que o Juiz Eterno proferiu sobre os demônios. De acordo com o Salmo 149, recebemos autoridade para executar o julgamento final sobre esses poderes das trevas. Às vezes são levados acorrentados, outras vezes são lançados no abismo ou queimados pelo fogo do trono. De uma forma ou de outra, esses veredictos são o fim de uma era de tirania. Para cada um dos heróis de nosso Rei, um novo dia havia começado.

O mandato para executar os julgamentos escritos nos dá autoridade para sentenciar a punição sobre os inimigos do Senhor. Você percebe que os reis mencionados no Salmo 149 não são pessoas, mas são principados e potestades nas trevas? Nossa batalha não é contra carne e sangue, mas contra os principados e potestades.[86] É muito importante que entendamos isso. Os inimigos do Senhor são esses principados e potestades nas trevas, não o povo que está contra nós.

Em primeiro lugar, somos chamados a abençoar e amar as pessoas que estão contra nós. O Senhor deseja a restauração com todos os Seus filhos. É nossa tarefa apoiar esse desejo de nosso Pai, amando nossos semelhantes e orando por eles. Assim como Jesus, que morreu por nós enquanto éramos inimigos do Pai,[87] também podemos dar nossas vidas pela restauração de nossos inimigos. A essência deste livro é que aprendamos como interceder no tribunal móvel de forma que o juiz nos justifique. Não entramos nas cortes do céu para arrastar Seus filhos perante o juiz a fim de torná-los condenados. Afinal, todas as almas pertencem a Ele.[88]

Conclusão

Recebemos o mandato para entrar nas cortes móveis do céu. Este é o lugar onde podemos implorar, interceder e julgar. Temos o privilégio de executar na Terra o julgamento escrito sobre Seus inimigos. A extensão de nosso mandato está diretamente conectada com nosso destino e a decisão do conselho do Senhor sobre nossas vidas.

---

86   Efésios 6:12
87   Romanos 5:8-10
88   Ezequiel 18:4

7 | Qual é Nosso Mandato?

Quando nós, como filhos e filhas maduros do Deus vivo, levamos a sério nossa designação de agir como reis na terra, há esperança para esta criação. Toda a criação aguarda a revelação dos filhos e filhas de Deus porque sofre as consequências da injustiça da humanidade.[89] Oro para que tomemos nossa posição nas cortes do céu para que possamos conduzir esta criação gemendo à liberdade.

No próximo capítulo, descreverei o que podemos fazer no tribunal móvel pelas pessoas que nos injustiçaram.

---

89   Romanos 8:19, 22

8

Ame Seus Inimigos

Já ouvi pessoas declararem agressivamente sua intenção de processar seus colegas de trabalho nas cortes do céu. Eles presumem que sairão vitoriosos e que seus oponentes receberão o que merecem.

Mas isso está em total contraste com a natureza e o caráter de nosso Deus. A corte do céu não é o lugar para levar alguém para um passeio. Afinal, o Deus Todo-Poderoso é completamente imparcial. Quando não entendemos isso, não temos ideia de quem realmente é o Juiz justo. As Escrituras nos dão muitas advertências para julgar com justiça em Israel. Deus odeia falsas testemunhas - juízes que favorecem os ricos e declaram os culpados como inocentes.

Quando apresentamos nosso caso ao Juiz Celestial, Ele não governará em nosso favor simplesmente porque somos Seus filhos. Não podemos ir às cortes do céu para resolver todos os nossos problemas. Esse não é o caso em um tribunal terreno, e certamente não é o caso no celestial. O tribunal do céu não é uma solução rápida para nossos problemas. Se formos verdadeiramente honestos, podemos confessar que, quando enfrentamos um conflito, quase sempre o vemos através de nossos paradigmas e da lente de nossas emoções. Isso é quase inevitável porque nossas emoções são profundamente agitadas quando somos tratados injustamente. Tudo em nós clama por vingança.

> **O tribunal do céu não é uma solução rápida para nossos problemas.**

Quando o tribunal está em sessão, várias partes podem falar e defender o seu caso. Existem o autor da queixa, o réu (e em casos criminais o promotor e o advogado de defesa), as testemunhas e os peritos. E há um juiz, cujo dever é dar a cada parte oportunidade suficiente para apresentar seu caso. O juiz também tem a tarefa de manter a ordem no tribunal.

O sistema judicial não decide com base nas emoções. Por exemplo, na Holanda, um juiz civil só pode proferir um veredicto com base nos fatos. Esses fatos precisam ser apresentados pelas partes que estão diante dele. O próprio juiz não está autorizado a apresentar fatos que possam influenciar o resultado. Mesmo que o juiz esteja ciente de certos fatos que não são apresentados a ele no tribunal, ele não tem permissão para considerar esses fatos em seu veredicto.[90] Só depois de todas as partes terem tido a oportunidade de apresentar o seu caso, ele dará o veredicto.

Ambas as partes têm o direito de apelar ao veredicto do juiz. No entanto, as emoções não são motivos suficientes para o recurso. Durante o recurso, o caso é julgado com base no cumprimento da lei, não em nossa resposta emocional ao veredicto. Às vezes, temos grande dificuldade com uma decisão que está em conflito com nosso senso de retidão. Mas um juiz é obrigado a decidir com base na lei, não em seus sentimentos pessoais sobre o caso apresentado. O que o juiz pensa em privado não é relevante.

Esses princípios não são muito diferentes nas cortes do céu. O Juiz Celestial só dará um veredicto com base nos fatos e evidências que são apresentados durante o caso. Se estes não forem apresentados da maneira correta, o Juiz Celestial não pode usá-los em Sua decisão, mesmo que Ele, em Seu grande amor por nós, prefira fazer de forma diferente. Esta é a razão pela qual Deus ficou chateado quando não havia ninguém para se colocar na brecha pela nação de Israel.

> *E busquei dentre eles um homem que levantasse o muro, e se pusesse na brecha perante mim por esta terra, para que eu não a destruísse; porém a ninguém achei.*
>
> Ezequiel 22:30

A chave para este versículo é a passagem: "perante mim". Isso nos mostra que não estamos na brecha na terra, mas nos céus - ou melhor dizendo, na dimensão espiritual. Quando ficamos em silêncio e nos recusamos a ficar na brecha, a única voz que é ouvida no tribunal do céu é a voz do acusador, Satanás. Como João escreveu, ele nos acusa dia

---

90 https://nl.wikipedia.org/wiki/Vonnis

e noite diante de nosso Deus. [91] Agora é a hora de permitir que nossa voz seja ouvida nas cortes do céu. É nossa tarefa erguer um muro para que Satanás não seja mais capaz de atacar nossa nação ou nossos entes queridos.

Não se vingue

Quando comparecemos perante um tribunal terreno, somos representados por um advogado que conhece bem as leis e o protocolo do tribunal. Mas também precisamos de alguém que possa apresentar os fatos de nosso caso sem se emocionar. Quando as pessoas se tornam muito emocionais, o juiz pode adiar a sessão ou remover aqueles que estão perturbando a ordem.

Na maioria dos países, é proibido fazer justiça com as próprias mãos. Não estamos autorizados a emitir um veredicto contra aquele que nos magoou. Quando alguém age injustamente contra nós, somos obrigados a apresentar nosso caso a um juiz formal. Ele dará um veredicto e determinará a sentença. Ele faz isso dentro da estrutura da lei e usa as provisões que a lei fornece.

Paulo nos dá o mesmo conselho. Não seja juiz, júri e carrasco, mas entregue tudo a Deus.

> *a ninguém torneis mal por mal; procurai as coisas dignas, perante todos os homens. Se for possível, quanto depender de vós, tende paz com todos os homens. Não vos vingueis a vós mesmos, amados, mas dai lugar à ira de Deus, porque está escrito: Minha é a vingança, eu retribuirei, diz o Senhor. Antes, se o teu inimigo tiver fome, dá-lhe de comer; se tiver sede, dá-lhe de beber; porque, fazendo isto amontoarás brasas de fogo sobre a sua cabeça.*
>
> Romanos 12:17-20

Você entende que o perdão é uma ação legal? Quando você perdoa alguém, um registro é feito no céu. No processo legal de seu oponente, está anotado que você deu o direito de retaliação nas mãos do Juiz Celestial. Deus está muito melhor equipado para dar um veredicto justo do que nós. Verifique você mesmo. Quando é o contrário e você está sendo acusado, não está implorando a Deus por misericórdia? Somos

---

[91] Apocalipse 12:10

muito capazes de explicar exatamente por que fizemos ou não algo.

Argumentamos perante o juiz que nunca foi nossa intenção ferir a outra pessoa, ou explicamos a Ele que o problema realmente está na outra parte. Todos esses argumentos vêm de uma perspectiva obstinada e de nosso desejo da alma de estar certo. Mas se alguém parece ser contencioso, não devemos ter esse costume.[92] O mais importante é que a vontade de Deus está sendo cumprida na terra, assim como no céu; um juiz independente que governa acima de todas as partes.

Brasas de fogo

As escrituras dizem: "Se o seu inimigo tiver fome, alimente-o; Se ele estiver com sede, dê-lhe de beber. Então você amontoará brasas de fogo em sua cabeça. " A Bíblia também nos diz para amar nossos inimigos. Esses versículos parecem estar em contradição. Como posso amar meu inimigo, o tempo todo amontoando brasas em sua cabeça?

Um desejo profundo de retaliação permanece dentro de nós. Claro, daremos comida e bebida aos nossos inimigos, mas fazemos isso por um motivo: que suas cabeças estejam em chamas. Isso vai lhes ensinar uma lição.

Perdoar é abrir mão do direito de retaliação.

Quando pensamos assim (e quem não?), ainda estamos interpretando as Escrituras como um grego e não como um judeu. Os judeus vêem a função de alguma coisa, enquanto o grego está estritamente olhando para a forma pela qual ela é apresentada. Imaginamos brasas ardentes que queimam a cabeça de nosso inimigo. Mas na perspectiva judaica, a cabeça representa o governo sobre algo. Quando algo é a cabeça, está conduzindo o corpo. Ele governa e tem autoridade sobre ele. Lembra do que Paulo escreveu? Ele disse que Cristo é o Cabeça da Ecclesia.

---

92 1 Coríntios 11:16

> *Também ele é a cabeça do corpo, da igreja; é o princípio, o primogênito dentre os mortos, para que em tudo tenha a preeminência.*
>
> *Colossenses 1:18*

Um dos princípios judaicos de exegese é chamado de "a lei da primeira menção", o que significa que você dá uma olhada na primeira vez que algo é mencionado nas Escrituras. O contexto desta primeira menção abre precedente para as outras vezes que lemos sobre ela. Agora, de volta às brasas ardentes.

Vemos esse conceito pela primeira vez em Levítico 16:12. Lemos sobre um incensário cheio de brasas que é trazido como um incenso doce e bem batido além do véu pelo Sumo Sacerdote.

Com este contexto em mente, o que as Escrituras nos dizem que estamos fazendo quando amamos nosso inimigo e lhe damos comida e bebida? Ao mostrar-lhe amor, trazemos essa pessoa além do véu para a presença de nosso Senhor. O fogo do altar queimará então o poder demoníaco que governa seu inimigo. Seus inimigos serão libertados do mal e da opressão que experimentaram em suas vidas, para que sejam capazes de se arrepender.

Não vamos ao tribunal celestial para provar que estamos certos. Quando você entra com essa atitude, pode acabar mal para você. É o próprio Jesus que nos alerta sobre esse tipo de pensamento. Em quase todos os conflitos, há duas ou mais partes envolvidas e responsáveis pela situação. Um velho ditado proclama: "É preciso dois para dançar o tango". Quando nos justificamos inteiramente e culpamos nosso oponente por tudo o que aconteceu, nosso adversário nos entregará ao Juiz e provará que estamos errados.

> *Entra em acordo depressa com teu adversário, enquanto estás com ele a caminho do tribunal, para que não aconteça que o adversário te entregue ao juiz, o juiz te entregue ao carcereiro, e te joguem na cadeia. Com toda a certeza afirmo que de maneira alguma sairás dali, enquanto não pagares o último centavo.*
>
> *Mateus 5:25-26*

Ninguém, exceto o Senhor, está sem pecado. Em todos os conflitos, desempenhamos nosso papel. É melhor que você reconheça isso antes de comparecer ao tribunal. Nosso Juiz Celestial discerne cada pensamento e intenção de nosso coração.[93] Cada palavra que falamos e cada pensamento que já tivemos podem ser apresentados durante a sessão do tribunal como prova. Não presuma que seus pensamentos estão ocultos.

> *E tu, meu filho Salomão, conhece o Deus de teu pai, e serve-o com coração perfeito e espírito voluntário; porque o Senhor esquadrinha todos os corações, e penetra todos os desígnios e pensamentos.*
>
> 1 Crônicas 28:9

> *Nem ainda no teu pensamento amaldiçoes o rei; nem tampouco na tua recâmara amaldiçoes o rico; porque as aves dos céus levarão a voz, e uma criatura alada dará notícia da palavra.*
>
> Eclesiastes 10:20

Abençoe e Não Amaldiçoe

Quando você fizer seu apelo nas cortes do céu, seja misericordioso com aqueles que lhe fizeram mal. Pode ser muito difícil perdoar alguém que cometeu uma grande injustiça. Podemos precisar de tempo para processar isso porque todo o nosso ser grita por vingança. Devemos compreender que as cortes do céu existem para julgar os poderes das trevas. Eles não são o lugar para nossa retaliação pessoal contra as pessoas.

A escolha mais importante que podemos fazer é permitir que Jesus cure nosso coração. Quando Seu amor nos curou, podemos ver a situação da maneira que Ele vê. É fácil dizer a alguém que ele precisa perdoar seus inimigos, especialmente se você não passou por um trauma. Precisamos pedir a Deus que retalie por nós. Talvez seja esta a razão pela qual Davi clamou a Deus para vindicá-lo.

---

93 Hebreus 4:12

Não vamos ao tribunal celestial para provar que estamos certos.

Perdoar as pessoas que nos magoaram começa com uma escolha no coração. Estamos dispostos a deixar a dor ir e pedir a Jesus que nos ajude com isso? Quando perdoamos alguém, não fingimos que nada aconteceu ou que Deus não viu. Mas quando perdoamos, damos a Deus a oportunidade de dar um veredicto justo. Afinal, o perdão é um ato legal. Quando perdoamos, renunciamos ao direito de retaliação ao juiz justo. Ele pode julgar aqueles que são responsáveis em última instância de maneira justa e correta.

Como posso saber se perdoei alguém? A resposta a esta pergunta não é tão difícil quanto você pode imaginar. O grau pelo qual podemos honrar publicamente alguém por quem ele realmente é, é o grau pelo qual o perdoamos. É o grau pelo qual sinceramente desejamos que ele seja bem-sucedido em cumprir a designação que recebeu de Deus. É o grau pelo qual estamos dispostos a sofrer para que ele seja bem-sucedido em sua caminhada com Deus. Essa é a marca registrada do perdão e só podemos expressá-la deixando o divino ágape de Deus fluir através de nós.

Se há uma palavra pela qual podemos descrever Deus, é amor. É por Seu amor que Ele enviou Seu Filho ao cosmos. É esse amor que tudo espera, acredita em tudo e faz de tudo para restaurar o relacionamento. É esse amor que cobre muitos pecados. É esse amor que salvou nossa alma.

> *Porém, Deus comprova seu amor para conosco pelo fato de ter Cristo morrido em nosso benefício quando ainda andávamos no pecado. Ora, se quando éramos inimigos de Deus fomos reconciliados com Ele mediante a morte de seu Filho, quanto mais no presente, havendo sido feitos amigos de Deus, seremos salvos por sua vida.*
>
> Romanos 5:8,10

Somos nós que mudamos quando perdoamos alguém. Somos libertos da dor, da amargura e das consequências da injustiça. O perdão que proclamamos nos liberta.

Mas o que dizer do versículo das Escrituras que nos diz que se perdoarmos, Deus os perdoará também? Que tal retaliação pela injustiça que foi feita a nós? Quando lemos o contexto deste versículo onde Jesus fala sobre ligar e desligar, vemos que Jesus deu aos Seus discípulos autoridade para governar.[94]

> *"Aqueles a quem perdoardes os pecados ser-lhes-ão perdoados; aqueles aos quais mantiverdes ser-lhes-ão mantidos."*
>
> João 20:23

Jesus diz aos Seus discípulos que quando eles julgam e não perdoam alguém, Deus como Juiz também não perdoará essa pessoa.

Um exemplo triste é a história de Ananias e Safira.[95] Eles mentem para os apóstolos, a igreja e o Espírito Santo sobre sua doação financeira, e as consequências são severas. Pedro os julga e ambos morrem.

Não pense por um momento que Deus se agrada da morte de qualquer ser humano, nem mesmo de seus inimigos.[96] Você sabe por que Davi era um homem segundo o coração de Deus? Ele reagiu da mesma forma que Deus quando ouviu a notícia sobre a morte de seu inimigo, Saul. Quando um jovem guerreiro diz a Davi que Saul e seu filho Jônatas foram mortos, ele espera que Davi fique satisfeito em ouvir isso. Então, ele começa a se gabar sobre a maneira como os dois morreram. Ele até finge ter desferido o golpe final da morte. A forma como David e seus homens reagiram foi totalmente diferente do que o guerreiro esperava.

> *Então pegou Davi nas suas vestes e as rasgou; e assim fizeram também todos os homens que estavam com ele; e prantearam, e choraram, e jejuaram até a tarde por Saul, e por Jônatas, seu filho, e pelo povo do Senhor, e pela casa de Israel, porque tinham caída à espada.*
>
> 2 Samuel 1:11-12

Este Davi, o homem que foi expulso da corte do rei, perseguido por anos e terrivelmente odiado por Saul e seu exército, ficou genuinamente triste. Davi era inocente e foi forçado a fugir para salvar a vida,

---

94 Mateus 16:19
95 Atos 5:1-11
96 Ezequiel 18:23,32; Ezequiel 33:11

mas rasgou as vestes ao ouvir a notícia da morte de seu inimigo. Ele já havia demonstrado que não faria mal ao ungido do Senhor. Quando seus homens o incitaram a matar Saul porque Deus colocou Saul nas mãos de Davi, ele optou por não fazê-lo. Davi não apenas respeitou o cargo de rei, ele amava sinceramente Saul e Jônatas.

A história não termina bem para este jovem amalequita. Ele foi morto de acordo com suas próprias palavras: *Eu matei o ungido do Senhor.*

Que isso sirva de lição para todos nós. Deus não tem prazer na morte de um moribundo, nem mesmo de um ímpio.[97] Ele chama todos os seres vivos da face da Terra ao arrependimento. Ele ama todos eles. Vamos seguir Seu exemplo, assim como Davi fez. Deus sempre estará acima das partes. No momento em que você está em conflito com outro ser humano, você deve perceber que Deus ama essa pessoa tanto quanto ela ama você. Ele julga sem fazer acepção de pessoas.

E quanto às Empresas nas Cortes Celestiais?

Quando comparecemos às cortes do céu para defender nossa causa, lidamos com indivíduos, embora nossos verdadeiros inimigos sejam o diabo e seus poderes nas trevas. Satanás é nosso adversário; o inimigo que procura nos destruir.

Mas também podemos sofrer injustiça de empresas e organizações. Embora os poderes das trevas tenham grande influência nas empresas e organizações, são as pessoas que atuam nessas organizações que nos prejudicam. Quando comparecemos ao tribunal por causa dessa injustiça, encontramos a organização e as empresas, não os indivíduos dentro delas. Eles são nossos oponentes, não nossos adversários, e há uma diferença.

A maioria das empresas e organizações tem uma declaração de missão, um documento de destino, para explicar por que estão na Terra. Quando este destino estiver de acordo com a vontade do Todo-Poderoso, o reino de Deus será estabelecido por meio dessas empresas e organizações. O céu apoiará essas organizações e, pessoalmente, acredito que existe um pergaminho no céu para elas. Devemos tentar olhar para

---

[97] Ezequiel 18:23

nosso oponente de uma perspectiva celestial.

Não pense por um momento que Deus se agrada da morte de qualquer ser humano, nem mesmo de seus inimigos.

Por exemplo, digamos que você está em conflito com uma empresa sobre a entrega de certas mercadorias. O preço e a data de entrega foram combinados, mas algum tempo depois você recebe um telefonema da empresa. Eles agora insistem que você deve pagar um preço mais alto porque o produto será entregue por um outro fabricante. Eles explicam por que o preço subiu, mas você deseja que eles honrem seu pedido com o preço original.

Enquanto você prepara seu caso no tribunal, o Espírito Santo mostra por que a empresa deseja mudar o combinado. Parece que a empresa terá um lucro maior quando fizer negócios com o outro fabricante. Esta é a verdadeira razão pela qual eles estão tentando entrar em uma barganha diferente.

Então o que você pode fazer? Claro, você pode levar essa empresa ao tribunal do céu e exigir uma restituição. Mas a raiz do problema é que o proprietário está buscando, injustamente, um lucro maior. Esta é a influência do mammon. A melhor abordagem é abençoar a empresa para que ela seja livre da influência de Mamom, sem perda de receita. Você não amaldiçoa a empresa porque ela sucumbiu ao Mamon. Essa é a atitude apropriada nas cortes do céu. Você abençoa outras pessoas que, assim como você, recebeu uma designação do Senhor. É seu desejo que eles sejam tão bem-sucedidos quanto você quer ser.

Embora os demônios tenham uma influência negativa sobre as pessoas que trabalham na empresa, esse não é o problema principal. O cerne da questão é que você abençoa seu oponente, mesmo que ele o tenha prejudicado. O perdão é uma arma muito poderosa no tribunal do céu porque permite ao Juiz fazer justiça a você. Ele lidará com cada inimigo que o oprime e irá te restituir por tudo o que aconteceu com você.

> *Assim vos restituirei os anos que foram consumidos pela locusta voadora, a devoradora, a destruidora e a cortadora, o meu grande exército que enviei contra vós.*
>
> Joel 2:25

É atribuição da igreja orar por empresas, organizações e pessoas para libertá-los da opressão demoníaca. Os princípios que discutimos neste livro não se aplicam apenas às nossas situações pessoais. Eles também podem ser aplicados em outras situações. Podemos ir aos tribunais por empresas, cidades e nações. Mas isso está além do escopo deste livro.

Declare Uma Benção Quando Você Suplicar

Quando somos capazes de abençoar nosso oponente, nosso Pai Celestial pode lidar com o verdadeiro inimigo: nosso adversário. Afinal, é Seu desejo que todas as pessoas tenham vida eterna. Portanto, busque a melhor bênção para seu oponente na corte do céu. Abençoe as pessoas e organizações com o melhor que Deus pode lhes dar. Busque a paz e viva pacificamente com todos os homens.[98] Cada pessoa carrega sua própria responsabilidade pelas coisas que faz. Mas não negamos que os demônios podem ter uma grande influência em nosso comportamento.

> *Eu, porém, vos digo: Amai os vossos inimigos e orai pelos que vos perseguem;*
>
> Mateus 5:44

Quando você está no tribunal, você não fala com seu oponente. Você só se dirige ao Juiz Celestial. Obviamente, você tem o direito de pedir que seu oponente honre os compromissos assumidos. Mas você faz isso com uma atitude diferente. Quando você começa a orar pelos outros e fica na brecha por eles, às vezes você se surpreende com Deus. Seu oponente pode até mudar de opinião ou abordagem.

Essa deve ser nossa atitude quando comparecemos às cortes do céu para apelar à lei. Quando entramos para destruir nosso oponente, que

---

98 Romanos 12:18

foi criado à imagem de Deus, ficamos cegos sobre o tipo de espírito que estamos agindo. [99] Provérbios nos avisa para não nos alegrarmos com a queda de nosso inimigo.

> *Quando cair o teu inimigo, não te alegres, e quando tropeçar, não se regozije o teu coração; para que o Senhor não o veja, e isso seja mau aos seus olhos, e desvie dele, a sua ira.*
> Provérbios 24:17-18

Paulo nos dá um aviso semelhante. Ele diz que não estamos lutando contra carne e sangue, mas contra os poderes e principados nas regiões celestiais. Por este motivo, é importante preparar o nosso processo judicial. É importante que nossos pedidos não sejam baseados em nossas emoções, mas no coração de Deus. Porque o Juiz Celestial também é nosso Pai e Amigo, Ele nos ajudará nesse processo. Ele pode até pedir que você fique na brecha pelo seu oponente antes de apresentar seu caso contra ele.

Quando você está no tribunal, você não fala com seu oponente. Você só se dirige ao Juiz Celestial.

Quando você começa a orar por seus oponentes e deseja o melhor para eles, é incrível o que acontece com você depois de algumas semanas. O Amor de Deus começa a fluir através de você e você entrará nas cortes do céu com uma atitude diferente. A vitória do seu caso no tribunal torna-se menos importante para você; você fica ansioso para ver que os destinos se realizem. [100] O reino dos céus sofre violência e os violentos o tomam pela força. Isso acontece quando todos nós começamos a cumprir nossos destinos. [101]

Um Momento de Reflexão

No final deste capítulo, tenho uma tarefa para você. Por favor, pare

---

99   Lucas 9:54-56
100   1 Coríntios 11:16
101   Mateus 11:12

um momento para refletir sobre os momentos em que você reagiu por frustração ou raiva, falando negativamente sobre os outros. Quando você fala com uma atitude negativa, esta é uma forma de amaldiçoar alguém. Jesus é muito claro sobre isso. No sermão da montanha, Ele ensina como Seus seguidores devem viver suas vidas.

> *Eu, porém, vos digo que qualquer que se irar contra seu irmão estará sujeito a juízo. Também qualquer que disser a seu irmão: Racá, será levado ao tribunal. E qualquer que o chamar de idiota estará sujeito ao fogo do inferno.*
>
> Mateus 5:22

A palavra grega Raca significa "homem de cabeça vazia". Isso está longe de ser um palavrão para os nossos padrões modernos. Podemos facilmente encontrar tópicos intensos de insultos semelhantes nas redes sociais. Mas Jesus nos diz aqui que quando você está zangado com seu irmão sem motivo, você será acusado de culpa nas cortes do céu. Quem nunca teve esses pensamentos ocasionalmente? No entanto, quando você o chama de cabeça-vazia, será julgado pelo conselho supremo. Essa é uma declaração forte.

Abençoe as pessoas que você amaldiçoou.

Dê a eles o melhor que Deus tem para lhes oferecer.

Quero pedir que você considere as vezes em que teve pensamentos negativos e as vezes em que os pronunciou em voz alta. Suas palavras serão usadas por Satanás, não apenas para acusar seu oponente, mas também contra você. Ele invoca este versículo em Mateus 5:22. Pergunte ao Espírito Santo se Ele deseja fazer brilhar Sua Luz nas profundezas do seu coração. Arrependa-se de todas as palavras que disse com raiva. Recorde-os diante do Senhor seu Deus e confesse seu pecado. Abençoe as pessoas que você amaldiçoou. Dê a eles o melhor que Deus tem para oferecer a eles. Então você terá a mentalidade certa para pedir justiça a Deus.

Conclusão

Vamos para os tribunais do céu para que possamos ver a retidão e a justiça de Deus sendo cumpridas na terra. Vamos lá para moldar a vontade de Deus na terra. As cortes do céu não são o lugar para destruir nossos inimigos. O objetivo deles é julgar os verdadeiros inimigos do reino - o diabo e seus demônios. É o lugar para fazer um espetáculo público deles, triunfando sobre eles. Que o veredicto do Juiz Celestial caia sobre as cabeças deles!

Assim diz o Senhor dos exércitos: Os filhos de Israel e os filhos de Judá são juntamente oprimidos; e todos os que os levaram cativos os retêm, recusam soltá-los. Mas o seu Redentor é forte; o Senhor dos exércitos é o seu nome. Certamente defenderá em juízo a causa deles, para dar descanso à terra, e inquietar os moradores de Babilônia.

Jeremias 50:33-34

Deus nos deu grandes promessas. Ele vai nos vingar e destruir nossos inimigos. Todo poder que nos atormentou será destruído por Seu fogo. Então, como Jeremias, vemos que Deus defenderá nossa causa.

Pelo que assim diz o Senhor: Eis que defenderei a tua causa, e te vingarei;

Jeremias 51:36a

Somos tão privilegiados porque nosso Deus, nosso Redentor e nosso Pai também é nosso Juiz. Ele é por nós e é Seu desejo nos dar justiça. Ele nos dará gratuitamente todas as coisas.

A que conclusão, pois, chegamos diante desses fatos? Se Deus é por nós, quem será contra nós? Aquele que não poupou seu próprio Filho, mas o entregou por todos nós, como não nos concederá juntamente com Ele, gratuitamente, todas as demais coisas? Quem poderá trazer alguma acusação sobre os escolhidos de Deus? É Deus quem os justifica!

Romanos 8:31-33

No próximo capítulo, falarei sobre a importância dos dons proféticos para perceber o que está acontecendo nas cortes do céu.

9

Vendo na Dimensão Espiritual

Como posso perceber o que está acontecendo nas cortes do céu? Como faço para entrar nessas cortes? Como posso saber o quê o juiz decidiu no meu caso? A maioria dos leitores provavelmente fará essas perguntas. Perceber a dimensão espiritual pode ser um desafio.

Por anos tenho estado ativo no ministério de libertação. Isso me ajudou enormemente no desenvolvimento de meus sentidos espirituais. Eu aprendi que a real libertação estava ocorrendo em um tribunal. (Compartilharei mais sobre isso mais tarde.) Por estarmos fazendo nossas petições nas cortes do céu, ganhamos um entendimento mais profundo de como funcionam os protocolos do céu. Meus quarenta anos de serviço militar também ajudaram. Se quisermos operar nas cortes do céu com sucesso, é vital que percebamos o que está acontecendo lá.

Precisamos mais do que uma compreensão intelectual da dimensão espiritual. Afinal, essa é uma função da nossa alma. Como disse Paulo, só podemos perceber e entender o que está acontecendo na dimensão espiritual com o nosso espírito. [102] Podemos ver essa realidade com nossos olhos espirituais. Você saberá a verdade, não porque ouviu alguém falando sobre ela, mas porque a viu com seus próprios olhos. [103]

É importante perceber as atividades nas cortes do céu. Nem todo mundo é profeta. Nem todo mundo tem o ofício de vidente como Samuel. [104] Mas todos nós recebemos o dom de Deus de ver e ouvir nas dimensões espirituais. Podemos aprender a perceber exatamente o que está acontecendo nas cortes do céu. Você pode usar a ajuda de crentes mais experientes. Não desanime ao ler isso. Este capítulo foi escrito especialmente para você.

---

102   1 Coríntions 2:9-13
103   Jó 42:5
104   1 Samuel 9:9

Na Terra como é no Céu

Muitos de nós não temos prática em perceber o que está acontecendo nas dimensões espirituais. Mas tenha coragem, é o desejo de nosso Pai Celestial que possamos vê-Lo como Ele é. [105]

Podemos usar princípios bíblicos que nos ajudam a entender como o sistema de tribunais celestiais funciona. Uma dessas ferramentas é a consciência de que a dimensão natural é uma sombra e um reflexo da dimensão espiritual. Lemos em Hebreus que as coisas naturais surgiram do espiritual. Também lemos que o tabernáculo que Moisés construiu na terra era uma réplica exata do tabernáculo no céu.

> *Esses servem num santuário que é representação e sombra daquele que está nos céus, já que Moisés foi avisado quando estava para construir o tabernáculo: "Observai tudo com cautela, para que façais todas as coisas de acordo com o modelo que vos foi revelado no monte".*
>
> Hebreus 8:5

> *Pela fé compreendemos que o Universo foi criado por intermédio da Palavra de Deus e que aquilo que pode ser visto foi produzido a partir daquilo que não se vê.*
>
> Hebreus 11:3

É importante entender que a dimensão espiritual é a fonte, a origem, da dimensão natural. Tudo o que vemos, saboreamos, cheiramos e experimentamos com nossos sentidos naturais é uma sombra, uma cópia da dimensão espiritual. Quando o céu vir que o protocolo e os padrões do céu estão sendo cumpridos na terra, então o céu se manifestará. É como se o céu estivesse esperando até que a terra e o céu se tornem um; então o céu se revelará na terra. Como disse Paulo, também podemos reverter esse processo.

> *Ora, se há corpo natural, há também corpo espiritual.*
>
> 1 Coríntios 15:44 (NIV)

Existe um equivalente espiritual para cada corpo natural. Mas o

---
[105] 1 João 3:2

cerne da questão é que não há harmonia real, nenhuma conexão, entre o corpo natural e o espiritual. Quando pesquisamos as estruturas e processos naturais na terra, somos capazes, junto com o Espírito de Deus, de imaginar a dimensão celestial porque as coisas terrenas são uma cópia das espirituais.

O que percebemos na terra é uma sombra da realidade celestial. No instante em que o corpo natural é libertado da opressão do maligno, o corpo natural será visível na dimensão espiritual. Podemos ver isso no monte da transfiguração. Por um instante, o corpo de Jesus foi mudado diante dos olhos dos discípulos. Seu rosto brilhou como o sol e suas roupas tornaram-se brancas como a luz. [106]

Vendo a Voz de Deus

Sim, você está lendo isso corretamente. Vendo a voz de Deus. Nos últimos anos, muitos livros foram publicados sobre como ouvir a voz de Deus. Jesus nos prometeu que podemos conhecer a voz de Deus. [107] Todo filho de Deus é capaz de reconhecer Sua voz e muitos de nós podemos testificar sobre isso.

Mas João nos dá uma pista importante no livro do Apocalipse, devido à posição que ocupava. Quando estamos na terra, podemos ouvir a voz de Deus, mas quando estamos nos céus, podemos ver a voz de Deus. João foi arrebatado pelo Espírito no dia do Senhor.

> *Eu fui arrebatado em espírito no dia do Senhor, e ouvi por detrás de mim uma grande voz, como de trombeta, que dizia: O que vês, escreve-o num livro, e envia-o às sete igrejas: a Éfeso, a Esmirna, a Pérgamo, a Tiatira, a Sardes, a Filadélfia e a Laodicéia. E voltei-me para ver quem falava comigo. E, ao voltar-me, vi sete candeeiros de ouro, e no meio dos candeeiros um semelhante a filho de homem, vestido de uma roupa talar, e cingido à altura do peito com um cinto de ouro;*
>
> Apocalipse 1:10-13

Diz aqui que João se virou para ver a voz que havia falado com ele.

---

106   Mateus 17:2
107   João 10:4

Ele viu o que estava acontecendo na dimensão celestial porque ele estava no Espírito. O livro do Apocalipse é o registro escrito de sua visita ao céu. João estava realmente presente no céu. O convite que João recebeu também está à nossa disposição. A porta está aberta.

> *Depois destas coisas, olhei, e eis que estava uma porta aberta no céu, e a primeira voz que ouvira, voz como de trombeta, falando comigo, disse: Sobe aqui, e mostrar-te-ei as coisas que depois destas devem acontecer.*
>
> Apocalipse 4:1

Para a maioria de nós, é um verdadeiro desafio experimentar as mesmas coisas que João experimentou. Os maiores obstáculos estão em nossas emoções e em nossa mente. Podemos orar mais facilmente por outra pessoa e receber palavras ou impressões de incentivo para ela. Às vezes, pessoas nos surpreendem com palavras de encorajamento que eram exatamente o que precisávamos. Mas quando buscamos a Deus para nossas vidas pessoais, parece que nossos olhos e ouvidos estão fechados.

Entrar nas dimensões celestiais é um ato de fé do nosso espírito.

Isso pode ser porque tentamos entrar nas dimensões espirituais de nossa alma, não de nosso espírito. Entrar nas dimensões celestiais é um ato de fé do nosso espírito. João descreve isso como algo que fazemos com nosso espírito.

É importante que cultivemos o desejo de ver e ouvir a voz de Deus. Quando Ele nos convida, é vital que respondamos a Ele. Alguns de nós podem ter a convicção de que Deus não está mais falando, ou que Ele só fala a um grupo de pessoas muito seleto e de elite.

Mas nada pode estar mais longe da verdade. É importante que aprendamos como ativar nossos sentidos espirituais, para que possamos ver e compreender as vozes que nos falam do céu. Nossos olhos espirituais são abertos pela oração, assim como foi feito na vida do servo de Eliseu.

Eliseu in Dotã

Naamã era um alto general do exército do rei da Síria, mas Naamã era um leproso que veio a Israel para ser curado. Quando Naamã chegou perante o rei de Israel, o rei entrou em pânico. "Quem ele pensa que eu sou? Eu não sou Deus. Naamã está procurando um motivo para ir para a guerra? "

Eliseu fica sabendo disso e envia uma mensagem ao Rei de Israel: "Envia Naamã a mim. Ele saberá que há um profeta em Israel. "

Todos nós sabemos o fim da história. Naamã é curado de sua lepra e retorna à corte do rei da Síria. Alguns anos depois, o rei da Síria inicia uma guerra contra o rei de Israel.

Mas o rei de Israel supera suas táticas todas as vezes, e o rei da Síria fica furioso. Ele está convencido de que há espiões em seu reino que informam ao rei de Israel os seus planos. A partir daquele momento, Naamã deve ter temido por sua vida. Afinal, ele foi curado em Israel de sua lepra. Talvez os sírios suspeitassem que Naamã havia feito um pacto com o rei de Israel em troca de sua cura.

Felizmente, havia um servo que contou ao rei da Síria o que realmente estava acontecendo. "É Eliseu", diz ele. "Ele diz ao rei de Israel todas as palavras que você fala em seu quarto." Isso é perceber na dimensão espiritual!

O rei da Síria redireciona sua raiva para Eliseu, enviando todo o seu exército para capturá-lo e trazê-lo para a Síria.

Todo filho de Deus é capaz de reconhecer Sua voz.

Durante a noite, o grande exército sírio cerca a cidade com cavalos e carruagens. De manhã, o servo de Eliseu os viu e ficou apavorado. Eliseu o tranquilizou e orou para que Deus abrisse os olhos do servo.

O resultado é surpreendente! O servo vê com seus próprios olhos que as hostes do céu cercaram Eliseu com cavalos, carros e fogo. Este exército era mais forte; superando o exército sírio. Eliseu ora novamente e pede ao Senhor para cegar os olhos dos sírios. Isso é um milagre; os sírios podem olhar com os olhos, mas não podem ver nada.

> *Respondeu ele: Não temas; porque os que estão conosco são mais do que os que estão com eles. E Eliseu orou, e disse: senhor, peço-te que lhe abras os olhos, para que veja. E o Senhor abriu os olhos do moço, e ele viu; e eis que o monte estava cheio de cavalos e carros de fogo em redor de Eliseu.*
>
> *2 Reis 6:16-17*

Nesta história, vemos que a oração abre e fecha os olhos. A Bíblia frequentemente fala de alguém que levanta os olhos para o céu para ver coisas que não podiam ser vistas com os olhos naturais. Portanto, esteja ciente de que temos olhos espirituais e olhos naturais. Assim como Abraão, Ezequiel, Daniel e muitos outros viram as dimensões celestiais, nós também podemos perceber as cortes do céu com nossos olhos espirituais. Agora você pode se perguntar: *Como posso fazer isso?* Vou lhe dar um exemplo.

Ao ler a Bíblia, imagine uma imagem mental do texto que está lendo. Por exemplo, a Escritura nos diz que estamos cercados por uma grande nuvem de testemunhas. Tente se imaginar em um tribunal celestial com milhares de pessoas torcendo por você. Para experimentar isso literalmente, tente ir a um estádio. Feche os olhos quando o time da casa marcar um gol ou um touchdown. Ouça os aplausos do público e visualize-se nas cortes do céu. O que você vivencia naquele momento no estádio também está acontecendo no céu. Todos estão de pé para apoiá-lo.

A chave para isso é encontrar Jesus ou, como diz em Hebreus, fixar os olhos em Jesus.

> *Portanto, nós também, pois estamos rodeados de tão grande nuvem de testemunhas, deixemos todo embaraço, e o pecado que tão de perto nos rodeia, e corramos com perseverança a carreira que nos está proposta, fitando os olhos em Jesus, autor e consumador da nossa fé, o qual, pelo gozo que lhe está proposto, suportou a cruz, desprezando a ignomínia, e está assentado à direita do trono de Deus.*
>
> *Hebreus 12:1-2*

9 | Vendo na Dimensão Espiritual

Vamos buscar esse dom espiritual para que possamos perceber corretamente o que o Juiz está nos dizendo e fazendo por nós. Mantenha seus olhos constantemente focados em Jesus e não em seu inimigo - que é totalmente irrelevante para você.

Abrindo os Olhos e Ouvidos

Jesus disse a Seus discípulos que os olhos e ouvidos das multidões estavam fechados. As pessoas simplesmente não eram capazes de entender a mensagem de Seu reino. Por outro lado, Seus discípulos foram abençoados por terem sido escolhidos para receber os mistérios do reino das mãos do pai.

Respondeu-lhes Jesus: Porque a vós é dado conhecer os mistérios do reino dos céus, mas a eles não lhes é dado... Por isso lhes falo por parábolas; porque eles, vendo, não vêem; e ouvindo, não ouvem nem entendem. E neles se cumpre a profecia de Isaías, que diz: Ouvindo, ouvireis, e de maneira alguma entendereis; e, vendo, vereis, e de maneira alguma percebereis.

Porque o coração deste povo se endureceu, e com os ouvidos ouviram tardamente, e fecharam os olhos, para que não vejam com os olhos, nem ouçam com os ouvidos, nem entendam com o coração, nem se convertam, e eu os cure.

Mas bem-aventurados os vossos olhos, porque vêem, e os vossos ouvidos, porque ouvem. Pois, em verdade vos digo que muitos profetas e justos desejaram ver o que vedes, e não o viram; e ouvir o que ouvis, e não o ouviram.
Mateus 13:11,13-17

Nesta passagem, Jesus nos dá as chaves para abrir nossos olhos e ouvidos. Por que as pessoas não podiam ouvir e ver? Eles próprios fecharam os olhos. Seu coração ficou entorpecido e eles se tornaram espiritualmente preguiçosos. Eles não estavam interessados em pesquisar as Escrituras por si próprios; eles usaram outros para fazer isso. Sua caminhada com Deus pode ser comparada a um restaurante drive-in.

Eles não queriam pagar o preço para receber os mistérios do reino.

Ouvir e ver na dimensão espiritual não são dons reservados para um pequeno grupo de felizardos.

Eles estão disponíveis para todo verdadeiro discípulo de Jesus, não para aqueles que optam por permanecer nas multidões. Compreender as palavras de Jesus e perceber nas dimensões espirituais está diretamente ligado à sua devoção pessoal a ele. Cada pessoa é chamada a ser discípulo de Jesus, mas nem todos estão dispostos a pagar o preço. Aqueles que o fazem são os verdadeiros escolhidos do Senhor. Eles são iniciados nos mistérios do reino dos céus.

Os discípulos deixaram suas casas e suas famílias. Eles renunciaram às suas heranças naturais. Eles deixaram esposas e filhos para segui-Lo, sem saber como isso iria acabar. Muitos cristãos desejam que sua bênção seja apresentada em um prato. Eles querem ser servidos em um restaurante onde tudo é de graça.

Mas sempre há um preço a pagar quando você segue Jesus. Jesus diz a Seus ouvintes que eles devem mudar a maneira como pensam, para que possam ouvir e ver novamente. Assim como os discípulos, também devemos pagar um preço. Tornar-se um filho ou filha maduro de Deus tem tudo a ver com assumir suas responsabilidades.

> *Quem não leva a sua cruz e não me segue, não pode ser meu discípulo. Assim, pois, todo aquele dentre vós que não renuncia a tudo quanto possui, não pode ser meu discípulo.*
> Lucas 14:27,33

Bem Aventurados Os Puros De Coração, Pois Eles Verão A Deus

Isso é o que Jesus diz a Seus discípulos no sermão do monte. [108]

---

[108] Mateus 5:8

9 | Vendo na Dimensão Espiritual

Estamos vivendo em uma época em que é difícil viver uma vida pura e santa. Mas a promessa que Jesus aqui é muito encorajadora. Quando nosso coração for puro, então veremos nosso Deus! Este é o nosso desafio: a purificação do nosso coração; a sede dos nossos pensamentos, que está sob enorme pressão.

Ouvir e ver na dimensão espiritual não são dons reservados para um pequeno grupo de felizardos.

Quem nunca lutou contra a pornografia e suas consequências na vida? Não presuma que lutar contra a sexualidade é tipicamente um problema masculino. As mulheres também podem usar sua imaginação de maneira errada para ficarem satisfeitas em sua alma. O resultado é que nossos corações ficam feridos e perdemos de vista as realidades celestiais.

Não é apenas o sexo que torna nossos corações impuros, mas também ouvir aqueles que falam mal das outras pessoas.

As palavras do difamador são como bocados doces, que penetram até o íntimo das entranhas.
Provérbios 18:8

O livro de Provérbios é um ótimo manual para uma vida pura e santa. Você não pode imaginar o quanto está sendo dito sobre nossos sentidos físicos. Em minha Bíblia, marquei cada versículo que fala sobre nossos olhos, boca, ouvidos, mãos ou pés. Foi uma grande surpresa para mim quando descobri o quanto se fala sobre nosso corpo no livro de Provérbios. Ver e ouvir na dimensão espiritual é um processo; parte em nosso coração e parte em nosso cérebro.

Por causa disso, é extremamente importante limpar nosso coração e nossa mente de todas as imagens e palavras ruins com o sangue de Jesus. Veja bem, este não é um processo que será concluído em um único dia.

Uma maneira de limpar nosso corpo e nossa alma é ler um capítulo de Provérbios todos os dias em voz alta e meditar sobre ele. Existem 31 capítulos neste livro extraordinário e podemos estudar um capítulo por dia. Peça constantemente ao Espírito Santo para ajudá-lo na limpeza de seu coração e mente. Com o tempo, você experimentará a capacidade de perceber cada vez mais a dimensão espiritual.

Aprendendo Como Ver Nas Dimensões Espirituais

Enquanto orava pelos efésios, Paulo pediu que os olhos de seu entendimento fossem abertos. Esses são seus olhos espirituais. Era seu desejo que eles percebessem a grandeza do plano de Deus para suas vidas com seus próprios olhos. Para Deus, é da maior importância que aprendamos a ver; para que os olhos de nossos corações e de nossas mentes sejam abertos.

> *para que o Deus de nosso Senhor Jesus Cristo, o Pai da glória, vos dê o espírito de sabedoria e de revelação no pleno conhecimento dele; sendo iluminados os olhos do vosso coração, para que saibais qual seja a esperança da sua vocação, e quais as riquezas da glória da sua herança nos santos, e qual a suprema grandeza do seu poder para conosco, os que cremos, segundo a operação da força do seu poder,*
>
> *Efésios 1:17-19*

A dimensão espiritual torna-se muito real no momento em que entramos nela pela fé. Somos capazes de perceber as coisas que estão acontecendo lá. Mas se nossos olhos estão fechados, nossas percepções estão fechadas.

É por isso que Paulo está fazendo esta oração. Enquanto não pudermos ver nossa posição em Cristo, o inimigo terá a vantagem. Enquanto escolhermos viver nossa vida da carne, nossos olhos permanecerão fechados. Essa é a verdadeira razão pela qual é tão importante ser guiado pelo Espírito[109] e por que devemos ativar nossos sentidos espirituais. Vamos meditar neste versículo em Efésios até que realmente entendamos e compreendamos o significado dele.

Mas tem mais. O verdadeiro objetivo do inimigo é nos manter cegos o maior tempo possível. Paulo diz que o deus deste século cegou os olhos das pessoas. Seus olhos naturais estão abertos, mas eles não

---

[109] Romanos 8:1-2

podem perceber a glória e a grandeza de Jesus Cristo.[110] Assim que nossos olhos forem abertos, poderemos ver a riqueza e a glória que Deus preparou para nós. Então seremos capazes de ouvir e ver o que Deus está nos dizendo. Quando apresentarmos nosso caso nas cortes celestiais, seremos capazes de perceber e entender o que está acontecendo lá.

Conclusão

É o desejo de Deus que todos nós o vejamos como Ele é. É o inimigo que cegou nossos olhos espirituais. Como acontece com qualquer outro dom espiritual, a iniciativa de desenvolvê-lo está em nossas mãos. Somos nós que devemos entrar em ação. Somos nós que devemos ter sucesso nas cortes do céu. Jesus nos prometeu que veremos a Deus, desde que nossos corações e nossas mentes sejam puros. Dedique-se à purificação do seu coração.

Mas este é um processo, não uma solução rápida. Desenvolva um estilo de vida disciplinado. Eu o encorajo a ler livros que o capacitem a desenvolver sua visão[111] espiritual para que você se torne capaz de perceber a dimensão espiritual. Com o tempo, você saberá quando seus olhos espirituais serão abertos e perceberá mais e mais dessa bela dimensão.

Porque necessitais de perseverança, para que, depois de haverdes feito a vontade de Deus, alcanceis a promessa.

Hebreus 10:36

Discutirei o protocolo e o código de conduta nas cortes do céu no próximo capítulo.

---

110   2 Coríntios 4:4
111   *The Seer*, by James Goll, Destiny Image, 2004
The School of the Seers, por Jonathan Welton, Destiny Image, 2009

10

Protocolos da Corte

Ao apresentar seu caso em um tribunal terreno, você deve seguir o protocolo adequado. Existem códigos de conduta específicos que todos devem obedecer. Todas essas regras e procedimentos são especificados e escritos. O juiz pode ordenar que você seja removido do tribunal se você não cumprir estes regulamentos. Todos devem obedecê-los, seja você um suspeito, um promotor, um visitante ou mesmo um juiz. Durante uma sessão do tribunal, a ordem é monitorada de perto.

A maioria de nós viu programas de televisão sobre uma sessão de tribunal que se tornou emocionante. Um bom exemplo está no filme A Few Good Men, estrelado por Tom Cruise e Jack Nicholson. O enredo é simples, mas emocionante. Um jovem fuzileiro naval foi encontrado morto em sua cama na manhã depois que seus colegas fuzileiros navais aplicaram uma medida punitiva, apelidada de "Código Vermelho". O comandante da base tentou esconder tudo. Os fuzileiros navais que executaram o "Código Vermelho" foram levados a julgamento para serem condenados. Parecia que isso iria fracassar, quando o advogado principal (Tenente Daniel Kaffee), um notório negociador, decidiu assumir o caso.

Durante o interrogatório de Daniel Kaffee, o comandante da base, o coronel Nathan Jessup, ficou furioso com o Juiz porque Daniel não o estava tratando com o devido respeito. O juiz ordenou que Daniel se dirigisse ao comandante com o título adequado: Coronel. O coronel ficou tão frustrado que gritou para o juiz: "Não sei que tipo de unidade você dirige aqui".

O juiz retrucou: "E a testemunha se dirigirá a este tribunal como 'Juiz' ou 'Vossa Excelência'. Tenho certeza de que mereço isso. Sente-se, Coronel."

Este é apenas um exemplo de como funciona o protocolo do tribunal. Há sempre o devido respeito dado a cada parte presente durante a sessão do tribunal. O juiz está acima de todas as partes e funciona como presidente. O escrivão está sempre em silêncio, mas registra tudo o que acontece. Os advogados podem dirigir-se ao juiz ou ao júri, mas apenas depois de o juiz permitir que o façam.

O mesmo é verdade em um caso criminal em que o promotor representa o estado. Todos os presentes são educados na lei e fizeram o exame da ordem. Eles são licenciados e juramentados para cumprir seu papel formal no processo. Em algumas nações, todos eles usam túnicas pretas, o que mostra que eles têm uma capacidade formal e privilégios. Essas funções e privilégios devem ser respeitados por todos no tribunal.

Libertação no Tribunal

Minhas primeiras experiências com o ministério de libertação foram em uma igreja pentecostal tradicional. Eles usavam o método pentecostal comum para a libertação, assim como todas as outras igrejas pentecostais daqueles dias. Havia muita gritaria, não só dos cristãos, mas principalmente dos demônios. A pessoa por quem orávamos rolava no chão, vomitava e literalmente gritava como se estivesse possuída. Talvez você tenha visto esse tipo de oração no YouTube.

Mas quando nos apresentaram novas ideias acerca do ministério de libertação no final dos anos 90, muitas coisas mudaram. Uma das mudanças mais marcantes foi o respeito que demonstramos durante as sessões. Não houve mais gritos e vômitos; não por demônios ou humanos. O que me atraiu pessoalmente foi o quanto o Pai amava e respeitava Seus filhos. A pessoa a ser ministrada ficava sentada confortavelmente em sua cadeira e não era mais humilhada pelos demônios. Mas o respeito não era só pela pessoa. Os demônios também eram tratados com uma forma de respeito, porque eram intimados nas cortes do céu.

Quando começamos essas novas abordagens, muitos cristãos se opuseram a esse tipo de ministério. Eles acharam isso ultrajante, dizendo: "Você não deve mostrar nenhum respeito ao diabo. Ele deve ser humilhado e destruído."

Mas eles não entendiam a diferença entre mostrar respeito a alguém em um tribunal e honrar alguém. Não honramos demônios durante uma sessão do tribunal, mas honramos o protocolo do tribunal porque estamos na sala do tribunal do Juiz eterno. É aqui que reside a diferença. Os adversários dos Santos de Deus estão sendo julgados por todas as atrocidades que cometeram na vida de um filho de Deus.

Não estamos gritando no tribunal - nem na terra, nem no céu. Demônios não são surdos; eles têm uma audição muito boa. Nós não os amaldiçoamos; nós os consideramos responsáveis por tudo o que fizeram. Pedimos a Deus, o Juiz eterno, que dê um veredicto que seja consistente com as atrocidades que eles cometeram. Esta é a maneira como os julgamos, assim como Ezequiel fez quando julgou Aolá e Aolibá.

> *Disse-me mais o Senhor: Filho do homem, julgarás a Aolá e a Aolibá? Mostra-lhes, então, as suas abominações. Pois adulteraram, e sangue se acha nas suas mãos;*
>
> Ezequiel 23:36,37

Esta é nossa missão nas cortes do céu. Julgamos os inimigos de nosso Deus, tornando públicas todas as coisas que eles fizeram em segredo. Por apresentarmos as evidências nas cortes celestes das coisas que esses demônios fizeram, Deus, o Juiz, pode dar a eles um veredicto. O inimigo não quer que os véus que bloqueiam suas atividades sejam removidos da vista do público, porque todos serão capazes de ver quem ele realmente é.[112]

Respeito à Função

Todos nós vimos esses programas na televisão em que o escrivão ordena a todos que se levantem quando o juiz entrar no tribunal: "Todos de pé!" Este é um protocolo padrão, mas pode ser diferente em outras nações. Na Holanda, o escrivão diz: "O tribunal!"

Há alguns anos, houve um caso na Holanda em que um advogado se recusou a se levantar quando o juiz entrou no tribunal.[113] O advogado foi levado à justiça (em última análise, sua licença para praticar

---

112 Isaías 14:16
113 https://nl.wikipedia.org/wiki/Mohammed_Enait

a advocacia foi revogada), inteiramente por causa de seu descumprimento do protocolo do tribunal.

A razão pela qual este advogado não quis se levantar diante do juiz é bastante significativa. Ele tinha uma opinião pessoal de que, de acordo com sua fé, todos os homens são iguais. Para ele, o juiz não era exceção a essa regra. O que este advogado provavelmente não entendeu é que não nos levantamos para a pessoa do juiz, mas para o cargo do juiz. Nos erguemos para a posição, o poder e a autoridade que o cargo de juiz representa. Quando nos levantamos, mostramos respeito pelo cargo de juiz e pela instituição do tribunal.

Quando estamos dirigindo e o policial sinaliza para que paremos, a gente encosta, certo? Mesmo que o policial seja um jovem de 23 anos, nós o obedecemos. Por quê? Porque ele representa a autoridade do estado ou governo. Esta é a mesma razão pela qual nos levantamos quando nosso hino nacional está sendo cantado. É um sinal de respeito ao hino nacional e ao que ele representa, independentemente das pessoas que ocupam o cargo.

Os protocolos nas cortes do céu não são muito diferentes dos da terra. Você não pode entrar em um tribunal e simplesmente começar a apresentar seu caso. Você deve primeiro receber a autoridade adequada para fazer isso. Felizmente, recebemos o direito de entrar no tribunal móvel a qualquer momento que quisermos. Mas isso não significa que não existam protocolos que somos obrigados a seguir.

O fato de o inimigo ter causado um dano tremendo em nossas vidas pesa muito para nosso Juiz.

Antes de começarmos a apresentar nosso caso em tribunal, primeiro mostramos respeito ao juiz e aos que estão presentes no tribunal. Fazemos isso honrando-o e pedindo-Lhe para abrir a sessão do tribunal. Se o tribunal não estiver reunido, nenhum veredicto poderá ser proferido. No momento em que a sessão é aberta, os livros também são abertos.

Assentou-se o tribunal, e se abriram os livros.

Daniel 7:10

A abertura desses livros é essencial. É impossível ler ou escrever em um livro quando ele está fechado. Parece simples e é. Também é crucial que tudo o que acontece durante uma sessão do tribunal seja registrado. Tudo o que é registrado pode ser evidenciado durante as peças processuais. Em cada sessão formal do tribunal, há um escrivão presente (também chamado de escriba em latim), que anota tudo o que está acontecendo.

Respeito à Corte

É importante que reconheçamos a autoridade da corte celestial e temos que falar isso em voz alta. Se não reconhecermos o tribunal, não poderemos apresentar nosso caso lá.

Em seguida, contamos ao Juiz por que nos apresentamos diante Dele. Não comparecemos no tribunal para provar que estamos certos. Comparecemos em tribunal para lutar por justiça e combater a injustiça que tem tentado nos impedir de cumprir a missão que Deus nos deu. Não imploramos para nos elevarmos, mas imploramos pela honra do Rei dos Reis. Estamos em tribunal para honrá-lo, não para ser contenciosos e para impedir o cumprimento de destinos.

> *Mas, se alguém quiser ser contencioso, nós não temos tal costume, nem tampouco as igrejas de Deus.*
> 1 Coríntios 11:16

Mostramos respeito a todos os presentes durante a sessão do tribunal. Muito mais está acontecendo lá do que imaginamos. Por exemplo, há mais de 100 milhões de criaturas diante do trono: as testemunhas, o espírito das pessoas tornadas justas que estão no céu e os anjos. O inimigo também está presente, às vezes com uma comitiva. Mas todos eles mostram respeito porque estamos em um tribunal.

O juiz não governa com base em suas emoções. Ele dá um veredicto com base nas evidências, fatos e todos os testemunhos que são apresentados durante a sessão do tribunal.

O fato de o inimigo ter causado um dano tremendo em nossas vidas pesa muito para nosso Juiz. Quando afirmo que uma sessão de tribunal é sem emoção, isso não significa que as emoções não sejam pesadas em consideração. Tristeza, dor e trauma intenso são definitivamente um fator do veredicto do juiz. Mas Sua decisão não é baseada em Suas emoções ou nas nossas. Eles são baseados em Sua retidão e Sua justiça. Não recebemos tratamento preferencial. Quando alguém é considerado culpado da acusação, será condenado e receberá sua punição.

> *O Senhor é um Deus zeloso e vingador; o Senhor é vingador e cheio de indignação; o Senhor toma vingança contra os seus adversários, e guarda a ira contra os seus inimigos. O Senhor é tardio em irar-se, e de grande poder, e ao culpado de maneira alguma terá por inocente;*
>
> Naum 1:2-3

Nós nos Dirigimos ao Juiz

Quando apresentamos nosso caso, nos dirigimos ao juiz e não ao nosso adversário. Um amigo meu foi testemunha importante em uma sessão do tribunal em um país do Oriente Médio. Ele foi convidado a dar sua opinião especializada sobre a entrega de uma obra. Estiveram várias partes presentes durante a sessão do tribunal. O reclamante afirmou que o prédio construído não estava em conformidade com o contrato. Houve também um réu, que argumentou que estava tudo bem.

Meu amigo estava sentado à direita diante do juiz. À sua esquerda e direita estavam os advogados de ambas as partes. Quando um dos advogados do querelante lhe fez uma pergunta, meu amigo se virou para o lado direito para responder. Mas o juiz interveio imediatamente, instruindo meu amigo a dar sua resposta diretamente ao juiz.

Da mesma forma, vemos isso no parlamento nacional da Holanda. Cada orador se dirige ao presidente. Eles falam sobre o governo e sobre os outros membros do parlamento, mas não se dirigem a eles pessoalmente.

Vemos isso também nas cortes do céu. Não travamos uma guerra de palavras com nosso adversário. Dirigimo-nos ao Juiz Celestial e apresentamos nosso caso a ele. Colocamos o veredicto do nosso caso em Suas mãos. Também pedimos compensação pelas coisas que foram feitas para nós ou para aqueles em cujo nome estamos ali. Claro, podemos expressar nossas emoções, mas fazemos isso para nosso Pai, o Juiz de toda a terra. Ele dará um veredicto de maneira justa.

Satanás Quer Nos Declarar Inadmissíveis

Quando comparecermos aos tribunais do céu perante o Juiz, Satanás tentará fazer qualquer coisa para nos silenciar no tribunal. Ele sabe que, quando o Juiz decidir a nosso favor, seu poder na terra será quebrado. Ele tenta fazer uma moção para o juiz declarar nosso caso inadmissível. Isso quase aconteceu com o sumo sacerdote Josué. Ele apareceu diante do anjo do Senhor, e Satanás estava de pé ao seu lado para se opor a ele.

> *Ele me mostrou o sumo sacerdote Josué, o qual estava diante do anjo do Senhor, e Satanás estava à sua mão direita, para se lhe opor. Mas o anjo do Senhor disse a Satanás: Que o Senhor te repreenda, ó Satanás; sim, o Senhor, que escolheu Jerusalém, te repreenda! Não é este um tição tirado do fogo? Ora Josué, vestido de trajes sujos, estava em pé diante do anjo.*
>
> *Zacarias 3:1-2*

Josué havia entrado nos lugares celestiais na brecha por sua nação. Quando Zacarias teve essa visão, provavelmente viu Josué entrando no Santo dos Santos no dia de Yom Kippur, o Dia da Expiação. O sumo sacerdote oferecia o sangue do cordeiro, a fim de expiar os pecados da nação.

Mas Satanás queria evitar que seu sacrifício fosse aceito no céu. Satanás começou a acusar aquele que trouxe a oferta - Josué. Ele queria uma moção para considerar a oferta de Josué inadmissível. Ele fez isso apontando para as vestes sujas de Josué, o sumo sacerdote. Nas Escrituras, nossas vestes se referem simbolicamente às nossas obras de justiça. [114] Quando elas estão sujas, a pessoa tem injustiça em sua vida.

Quando estamos nas cortes do céu, é o Juiz quem repreende Satanás, e não nós.

---

114   Apocalipse 19:8

Mas o anjo do Senhor evita as acusações e repreende Satanás. Ele mesmo está na brecha por Jerusalém. Ele diz a Satanás: "O Senhor te repreenderá, satanás!" Ele deixa o veredicto do julgamento de Satanás nas mãos do próprio Deus.

Há uma lição importante a aprender aqui. Quando estamos nas cortes do céu, é o Juiz quem repreende Satanás. Nem mesmo o anjo do Senhor, ou um arcanjo, faz isso.

Você se dirige ao Juiz Celestial e deixa a repreensão para Ele; Ele vai lidar com as acusações que Satanás apresenta no tribunal. Não devemos nos tornar caluniadores irracionais e tolos, que por impotência e frustração falam todos os tipos de coisas tolas contra Satanás e seus poderes. Vamos aprender com o arcanjo Miguel, que não repreendeu Satanás.

> *Mas quando o arcanjo Miguel, discutindo com o Diabo, disputava a respeito do corpo de Moisés, não ousou pronunciar contra ele juízo de maldição, mas disse: O Senhor te repreenda Estes, porém, blasfemam de tudo o que não entendem; e, naquilo que compreendem de modo natural, como os seres irracionais, mesmo nisso se corrompem.*
>
> Judas 1:9-10

A injustiça de Josué é tratada dando-lhe novas vestes. Você notou que Josué não disse uma palavra durante tudo isso? Quando estivermos nas cortes celestiais, outras vozes falarão em nosso nome. Até o profeta Zacarias deu uma ordem aqui.

Não é necessário falar o tempo todo. Quando satanás te acusa, Deus nos dará uma nova vestimenta quando andarmos em humildade e mansidão, aparecendo humildemente diante dEle. Josué não estava aparecendo na corte celestial por si mesmo, mas ele entrou para expiar os pecados de uma nação, a fim de que Israel pudesse cumprir seu destino na terra.

Retidão e Justiça

O poder e a autoridade do reino dos céus se baseiam no respeito e na aplicação justa de suas leis e regulamentos. A Bíblia nos diz que o fundamento do trono de Deus é a retidão e a justiça. [115] Se Deus nos desse preferência em Seu tribunal, Ele quebraria Suas próprias leis. Naquele instante, o acusador acusaria Deus de parcialidade. Isso nunca vai acontecer. Deus nos deu instruções estritas de como a aplicação da lei do tribunal em Israel deve ser cumprida.

Não levantarás falso boato, e não pactuarás com o ímpio, para seres testemunha injusta. Não seguirás a multidão para fazeres o mal; nem numa demanda darás testemunho, acompanhando a maioria, para perverteres a justiça; nem mesmo ao pobre favorecerás na sua demanda. Se encontrares desgarrado o boi do teu inimigo, ou o seu jumento, sem falta lho reconduzirás. Se vires deitado debaixo da sua carga o jumento daquele que te odeia, não passarás adiante; certamente o ajudarás a levantá-lo.

Não perverterás o direito do teu pobre na sua demanda. Guarda-te de acusares falsamente, e não matarás o inocente e justo; porque não justificarei o ímpio.

Também não aceitarás peita, porque a peita cega os que têm vista, e perverte as palavras dos justos.

Êxodo 23:1-8

Nesta passagem, entendemos que as pessoas não podem ver corretamente quando aceitam um suborno e pervertem palavras. Se, apesar de todos os seus esforços, você ainda tem dificuldade em ver na dimensão espiritual, pergunte ao Espírito Santo se esta é a razão pela qual você ainda não é capaz de ver. Pode ser que um de seus ancestrais tenha prestado falso testemunho ou aceitado suborno para fazer com que um inocente fosse condenado. O inimigo usa as leis e regulamentos de Deus para nos impedir. Satanás vai nos acusar - tentando nos manter cegos enquanto puder - e ele usa os mandamentos de Deus para fazer isso.

---

[115] Salmo 89:14; Salmo 97:2

Conclusão

Deus, o juiz, estabeleceu regras de conduta para o protocolo adequado nos tribunais. Essas regras não são aplicáveis apenas em uma corte terrestre, mas também nas cortes celestiais. Quando entramos em seus tribunais para nossos casos pessoais, não seremos punidos quando cometemos um erro. Diante de Seu trono, Ele nos dará misericórdia, não apenas pelo que temos feito na terra, mas também por nossa falta de compreensão do protocolo adequado.

Nosso Pai fica muito animado quando nos apresentamos diante Dele para trazer justiça à terra. Quando o fazemos, permitimos que Ele fale justiça em nossas vidas e nos abençoe, para que possa nos dar o que deseja para nós. Mas esteja ciente de que nosso Deus não é um Deus do caos, mas da ordem.

Isso encerra o fundamento bíblico para operar nas cortes do céu. Na segunda parte deste livro, discutirei a aplicação prática. Eu o ajudarei com as diferentes etapas que você pode tomar neste processo, para que possa apresentar seu caso perante o Juiz em todo o mundo.

Parte 2:

Aplicação Prática

11

Bem Começado É...

Felizmente, somos todos diferentes. Todos nós temos nossos próprios hábitos e peculiaridades. Esse é o encanto de ser um ser humano. Algumas pessoas têm o hábito de ler a Parte 1 deste livro primeiro, antes de começar com a Parte 2. Outros pulam toda essa ideia e vão direto para a Parte 2; a aplicação prática. São as mesmas pessoas que abrem a caixa e imediatamente começam a usar os novos aparelhos, enquanto outras leem primeiro o manual do usuário. (Deve haver uma razão para estar lá, certo?) Na maioria dos casos, isso é normal. Você pode pular a leitura do grande manual que acompanha sua nova televisão. Não há muito que possa dar errado, a não ser perder algumas funções interessantes. Você provavelmente irá descobri-los eventualmente, mesmo que leve alguns anos.

Mas, neste caso, gostaria de incentivá-lo a ler a primeira parte deste livro antes de começar a entrar nas cortes do céu. Sua mente receberá um novo nível de compreensão para que você esteja bem preparado. As cortes do céu são reais! O veredicto é vinculativo para todas as partes. É importante ter algum conhecimento sobre as cortes celestes, para que possamos entender o protocolo e saber qual é o nosso mandato.

Nosso adversário não se impressiona com nossa reputação na terra. Pense nos filhos de Seva e no que aconteceu com eles.[116] Eles eram exorcistas judeus itinerantes que pensaram que poderiam usar o nome de Jesus como um novo instrumento em sua caixa de ferramentas contra alguns espíritos malignos. Mas eles foram golpeados sem misericórdia.

Podemos aprender algumas lições valiosas com isso. Quando você pensa que pode derrotar seu adversário nas cortes do céu só porque ouviu falar da existência dele, você está gravemente enganado. É uma dimensão espiritual; todos lá veem através de você. É impossível se esconder atrás de sua reputação. Cada pensamento que você tem, cada ação que você fez e cada palavra falada são totalmente exibidos e ab-

---

116 Atos 19:13-20

ertos sobre a mesa. Nosso adversário é um leão que ruge procurando alguém para devorar. Ler a primeira parte deste livro é uma boa preparação para que possamos dizer como Paulo: "Não ignoramos seus ardis".[117]

Maravilhoso Conselheiro

Muitos de nós nunca vimos pessoalmente o interior de um tribunal. O que sabemos sobre o tribunal é o que aprendemos com outras pessoas ou com programas de televisão. Só entramos em um tribunal quando é nossa profissão ou quando estamos envolvidos em um processo judicial.

Mas todos podem entender que uma boa preparação é muito importante. Tudo começa com uma conversa com seu advogado. Você fala sobre o que vai acontecer do início ao fim do julgamento. Felizmente, também temos um Conselheiro maravilhoso que nos ajuda na preparação de nosso caso no tribunal celestial.[118] O Espírito de Conselho também estará ao nosso lado e nos ajudará na preparação de nosso caso. Não hesite em pedir a Sua ajuda em espírito de oração.

Nosso adversário não se impressiona com nossa reputação na terra.

Preparar seu caso significa que você pensa sobre qual posição você vai tomar e considera como seu oponente vai reagir a isso. Você tenta antecipar seus movimentos. Você garante que seus apelos são baseados nas promessas de Deus na Bíblia. Você considera todos os fatos importantes. Suas testemunhas são capazes de apoiar seu apelo com seus depoimentos. Você até considera os argumentos que seu oponente pode trazer para o caso e se prepara para responder aos argumentos dele e provar que ele está errado. Você não quer ficar com a língua presa, quer?

Quando você não preparou seu caso, isso pode significar que você perderá o caso, mesmo que possa provar depois que estava certo o tempo todo. O Juiz Celestial não pode dar seu veredicto com base em Seu

117   2 Coríntios 2:11
118   Isaías 9:6

amor e sentimentos por você. Ele decide com base nos fatos, nas evidências e nas declarações apresentadas durante a sessão do tribunal. Quando o veredicto é dado, novas evidências não podem mais alterar o veredicto facilmente.

Roe versus Wade

Deixe-me dar um exemplo. A maioria de vocês provavelmente já ouviu falar do caso Roe versus Wade. Foi uma decisão histórica da Suprema Corte dos Estados Unidos em 1973. A Corte julgou as leis de aborto que existiam em muitos estados naquela época. O Tribunal decidiu que a maioria das leis que proibiam ou restringiam o aborto eram inconstitucionais. O Tribunal decidiu que o direito ao aborto estava coberto pelo direito constitucional à privacidade. As leis de aborto foram suspensas em todos os estados dos EUA. Ainda hoje, essa decisão é uma das decisões mais controversas da história da Suprema Corte dos Estados Unidos.[119]

Quais foram as consequências desta decisão? No momento em que este livro foi escrito, só nos Estados Unidos 60.942.033 crianças foram assassinadas; assassinadas no útero.[120] Isso é sessenta milhões novecentos e quarenta e dois mil e trinta e três rolos que não estão sendo cumpridos! Tente imaginar esse número como pessoas vivas e você poderá preencher muitas nações da terra com eles! Estou convencido de que o inimigo de Deus, Satanás, ganhou este processo judicial porque nós, como cristãos, não estávamos na brecha pela nação. O veredicto foi dado em favor do inimigo de Deus. Você não pode mudar isso de novo. Você pode imaginar o que isso significou para o coração de nosso Pai quando Ele, como juiz, teve que dar esse veredicto? Ele não podia fazer nada além de atender às demandas de Satanás.

A Bíblia às vezes diz que o Senhor causa uma praga. Deus não quer causar uma praga, mas está sujeito ao protocolo de Seu próprio Tribunal e às leis de Seu reino. Ele não pode mudar isso quando preside como Juiz nas cortes do céu. Ele não pode mudar seu veredicto, mesmo quando o resultado o magoa. É por isso que o Senhor fica chateado quando descobre que ninguém está na brecha pela nação.

---

119 https://en.wikipedia.org/wiki/Roe_v._Wade
120 https://christianliferesources.com/beginning-of-life/abortion/ (2019-04-18)

> *E busquei dentre eles um homem que levantasse o muro, e se pusesse na brecha perante mim por esta terra, para que eu não a destruísse; porém a ninguém achei.*
>
> Ezequiel 22:30

Quando ninguém aparece no tribunal para pleitear por uma nação, distrito ou cidade, o juiz não pode fazer mais nada a não ser permitir que Seu inimigo ative uma maldição. Posso ouvir alguns de vocês argumentando: "Mas Jesus não está intercedendo por nossa nação no céu?"

Sim, é verdade, mas para dar um veredicto, deve haver duas ou três testemunhas. Para dar um veredicto no céu, deve haver testemunhas na terra que testificam junto com Cristo no céu.

João nos diz em Apocalipse que o espírito de profecia é o testemunho de Jesus.[121] Quando Jesus está testificando, Ele nos incentiva a sermos Suas testemunhas. Fazemos isso quando permitimos que nossa voz seja ouvida nas cortes do céu e por meio de nossa profecia na Terra. Terra e céu devem se tornar um, a fim de dar o veredicto do céu com força legal na terra.

Mas você pode perguntar: Se isso for verdade, quem então está testificando na Terra em nome de Satanás? Você ficará surpreso ao saber que os testemunhos mais fortes que apóiam os casos de satanás nas cortes do céu são os testemunhos que nós, cristãos, damos. Quando falamos mal de uma pessoa, ou caluniamos ou fofocamos sobre nosso irmão ou líder na igreja, nosso testemunho é registrado no céu. Podemos ficar calados em total indiferença sobre as coisas que acontecem na sociedade, crendo que Jesus voltará em breve e nos salvará de nossa sociedade. Estejamos cientes das responsabilidades que nós, como filhos de Deus, carregamos e somos chamados a cumprir.

Protocolo de um Processo Judicial

Durante cada sessão do tribunal, existe um protocolo, para ajudá-lo a apresentar seu caso. As etapas que você precisa seguir são descritas nos capítulos a seguir.

Antes de iniciar a preparação do seu caso, é importante conhecer

---

[121] Apocalipse 19:10

e compreender a sua identidade e a sua posição. Você realmente sabe quem você é quando está no céu? É por isso que você deve começar a explorar seu próprio pergaminho. Quando você sabe qual é a sua designação dada por Deus, você também sabe qual é o seu mandato nas cortes do céu.

Em seguida, você descreve a injustiça que foi feita a você. Descreva qual é a sua parte e qual a parte que o seu oponente desempenhou no conflito. Você pede perdão pelos erros que cometeu e abençoa as pessoas que o magoaram. Quero enfatizar novamente que o perdão é uma ação legal, não a consequência de uma emoção. Nossas emoções exigem retribuição instantânea, mas quando perdoamos os outros, colocamos o direito à retaliação nas mãos do Juiz Justo. Ele julgará com julgamento justo.

Você reúne evidências e chama as testemunhas. Você começa a defender sua causa de acordo com as promessas que estão na Bíblia. Em seguida, você formula suas acusações e a compensação que deseja receber. Você apresenta tudo isso ao seu Pai, o Juiz. O juiz dará um veredicto e você receberá o julgamento por escrito Dele. Os papéis do divórcio também são assinados. Você trará este julgamento escrito à terra e começará a executar tudo que está escrito nele. Em suma, essas são as etapas que executamos durante todo o julgamento.

Quando você nunca foi a uma corte celestial, você não terá um quadro de referência. É por isso que a primeira vez pode ser difícil. Não hesite em pedir ajuda a pessoas mais experientes. Mas perceba que uma sessão de tribunal, na terra e no céu, é um negócio sério. O veredicto do juiz é vinculativo para todas as partes, mesmo que você espere uma decisão diferente.

Fique em paz. Quando você começa a interceder nas cortes do céu pela primeira vez, há muita graça para você. Você é apoiado por muitos ajudantes e consoladores.

Saiba que o Juiz Celestial é sempre misericordioso para com Seus filhos. O mais importante é a atitude do seu coração. Quando você está honestamente tentando corrigir um erro, o juiz não o dispensará quando você cometer um erro porque está tentando o seu melhor. Afinal, Ele ainda é seu Pai e seu Amigo. Jesus está ao seu lado como seu advogado. Quando você age com espírito de amor, essa graça será sua aliada, mesmo se você não seguir o protocolo como deveria. Mas se você fizer uma tentativa displicente e presumir que no final tudo dará certo, você será reprovado por desacato ao tribunal. Sua cobrança não será aceita; nem na terra e nem no céu.

Propriedade é Importante

No início deste livro, afirmei que entramos em um processo no céu quando oramos por libertação. Um dos princípios importantes aqui é que cada um é responsável pelo que acontece em sua própria vida. Quando alguém recebe sua libertação, mas não assume a responsabilidade por sua própria vida, orar por ele é inútil.

O mesmo é verdade quando oramos nas cortes do céu. Você deve assumir sua responsabilidade por sua vida. Sempre haverá pessoas capazes de ajudá-lo, especialmente quando você começar a orar assim pela primeira vez. Mas você é responsável pela preparação, investigação, coleta de provas, definição das acusações e pedido de perdão às pessoas que feriu durante o conflito.

Você terá muitas tarefas nos próximos capítulos. Faça sua lição de casa; isso irá beneficiar você. Há uma caderno de atividades disponível que pode ajudá-lo a preparar seu caso. [122] As atribuições e orações lá são desenvolvidas para ajudá-lo; discutiremos isso mais nos próximos capítulos.

O objetivo principal deste processo é que a vontade de Deus seja estabelecida na terra, assim como nos céus.

Ao receber uma revelação sobre seu próprio pergaminho, anote-o. Isso se aplica a todas as tarefas. Escreva os versículos bíblicos que deseja usar no livro de exercícios. Quando você escreve esses versículos também em seu coração, ninguém poderá retirá-los. Ao fazer isso pela primeira vez, pode demorar um pouco até estar pronto. Mas não deixe que isso o impeça de cumprir os desejos do seu coração, a fim de receber sua justiça nas cortes do céu.

---

[122] Workbook Courts of Heaven for Beginners, Publishing House Seferim, 2019.

As cortes do céu não são uma solução rápida para nossos problemas; esses julgamentos são realizados nas cortes do céu para lhe fazer justiça. Às vezes, você recebe uma resposta ou um veredicto que não esperava. Assim como em um tribunal na terra, o veredicto de nosso Juiz Celestial pode surpreendê-lo. O objetivo principal deste processo é que a vontade de Deus seja estabelecida na terra, assim como nos céus. As cortes do céu são parte integrante do reino dos céus.

Seu destino e a realização de seus sonhos estão interligados com o plano de Deus para sua vida. Quando tivermos sucesso na realização de nossos destinos, toda a criação também será restaurada. A criação está sofrendo sob o regime de um inimigo implacável que não respeita nada nem ninguém. É nosso dever estar na brecha e apresentar nosso caso nas cortes do céu.

Porque a criação aguarda com ardente expectativa a revelação dos filhos de Deus.

Romanos 8:19

Conclusão

Bem começado é meio caminho andado. Isso é especialmente verdadeiro quando você está preparando seu caso no tribunal. Quando você começar a explorar e se mover mais e mais na dimensão celestial, descobrirá que isso se torna mais fácil. E sim, você deve enfrentar todos os obstáculos. Mas não é essa a característica da maturidade, você ser capaz de cumprir sua responsabilidade?

Coloque seus medos de lado. Há muita graça para você. O Pai deseja que você fique na brecha por retidão e justiça na terra; primeiro em nossas próprias vidas, depois em nossas cidades, distritos, estados e nações.

No próximo capítulo, você descobrirá o que está escrito em seu pergaminho e, sim, você mesmo descobrirá.

12

O Que Está Escrito em Meu Pergaminho?

Talvez você tenha se feito essa pergunta quando ouviu falar dos rolos do céu. É uma pergunta muito boa para se fazer. Muitas pessoas estão pensando sobre isso. Talvez eles não estejam usando palavras como *pergaminho* ou *tribunal*, mas pensam sobre seu propósito na vida e como cumprir a tarefa que Deus lhes deu. Você receberá algumas ferramentas práticas neste capítulo que o habilitarão a obter algumas respostas para esta importante questão.

Algumas pessoas sabem desde cedo o que vão conseguir. Outros não têm ideia alguma; seu propósito na vida é um grande mistério. Eles não têm certeza do que devem fazer nesta vida, nem sobre qual é a vontade de Deus para eles. Isso significa que fazer as escolhas certas é difícil para eles, não porque não saibam como fazer uma escolha, mas porque não têm ideia de por que estão na terra. Se você é um desses, há esperança! Deus não o abandonou, mas seu pergaminho foi selado, então você não sabe o que está escrito nele.

O Pergaminho na Bíblia

Por que estamos na terra? Muitos de nós podem não achar esta pergunta tão fácil de responder. Ao respondê-la, você está definindo a razão de sua existência na Terra. Nela reside a razão de ser da existência --- de pessoas, corporações ou até mesmo de nações. Quando você não faz o que é chamado a fazer, provavelmente acabará fazendo as coisas erradas e, em algum lugar lá no fundo, você está ciente disso. É por isso que tantos são infelizes. Eles não têm ideia do que fazer com suas vidas.

Quando lemos a visão que Isaías teve quando foi chamado pelo

12 | O Que Está Escrito em Meu Pergaminho?

Senhor,[123] percebemos como nosso chamado é estabelecido. Isaías se viu na sala do trono de Deus. Ele ficou maravilhado com tudo o que percebeu ali. Logo, ele descobriu que não era digno de estar ali, por isso gritou: "Ai de mim, porque estou arruinado!" Seus lábios estavam impuros e seus olhos viam o Rei, o Senhor dos Exércitos. Ele estava sendo purificado pelo serafim com uma brasa do altar. Seu pecado foi purificado e sua iniquidade foi removida. Então ele ouve a voz do Senhor dizendo:

> *A quem enviarei, e quem irá por nós? Então disse eu: Eis-me aqui, envia-me a mim.*
>
> Isaías 6:8

É minha convicção que Isaías foi levado de volta no tempo ao momento em que os destinos da humanidade estavam sendo estabelecidos no conselho do Senhor. Isso aconteceu antes de Deus começar a criar todas as coisas. Jesus não disse que glorifica a Deus fazendo as obras que Deus preparou *desde a fundação do mundo*?[124]

Isaías estava no conselho do Senhor e o Pai tinha uma designação que precisava ser estabelecida na Terra. Ele perguntou àqueles que estavam presentes com Ele: "Quem está disposto a fazer isso?" Então Ele esperou até que alguém lhe respondesse. Foi Isaías quem respondeu a essa pergunta e recebeu instruções sobre como fazer isso (versículos 9-13).

Imagino que depois disso, Isaías foi levado aos escribas, onde recebeu um pergaminho contendo a designação que acabara de aceitar. Então o Pai o enviou à terra para cumpri-lo. Ele recebeu tudo de que precisava para ser bem-sucedido no cumprimento de sua designação. Tudo se ajustou ao que estava escrito em seu pergaminho: sua personalidade, seus talentos, paixões, interesses e até a época em que nasceu. Quando Isaías saiu do céu para a terra, ele chegou com um pergaminho na barriga.[125]

Assim como Isaías, Jeremias também recebeu seu chamado antes de vir à Terra. Ele também recebeu uma designação clara de Deus. Davi teve a mesma experiência. Ele até escreveu um Salmo completo sobre

---

123 Isaías 6:1-13
124 João 17:4; Hebreus 4:3
125 Apocalipse 10:9-10

essa experiência para deixar claro como Deus estava ciente de tudo isso. Ele sabe tudo, até o começo. [126]A questão é que Satanás também é capaz de ler os pergaminhos da humanidade. Ele não quer que nenhum de nós tenha sucesso em estabelecer nossa designação dada por Deus.

É por isso que ele está fazendo tudo o que pode para nos impedir quando definimos nossos destinos. Ele está atrapalhando você também. Ele sela seu pergaminho com maldições e faz com que você experimente traumas e desista. Ele tenta destruir sua fé e afeta sua memória para que você não se lembre de nada que você e o Pai tenham combinado.

É por isso que tantos de nós caminhamos sem rumo pela vida como ovelhas que não têm pastor; perdidos nas questões do dia. Mas, felizmente, tudo isso pode ser alterado. Quando você ficar ciente de sua tarefa - quando tiver lido seu pergaminho - você será capaz de ter sucesso na vida. Vamos, portanto, declarar como Neemias fez:

> *Então lhes respondi: O Deus do céu é que nos fará prosperar; e nós, seus servos, nos levantaremos e edificaremos: mas vós não tendes parte, nem direito, nem memorial em Jerusalém.*
>
> Neemias 2:20

O Pergaminho Selado

Os pergaminhos podem ser selados e às vezes Satanás é o responsável por isso. Isso pode acontecer quando um ancestral fez uma aliança com Satanás. Como compensação, Satanás receberá o direito legal de selar o pergaminho das gerações futuras com maldições. É importante examinar sua linhagem de sangue para ver se seus ancestrais fizeram pactos com o maligno. Também pode ser que seu pergaminho esteja selado por causa de suas próprias palavras ou das palavras de sua família, professores ou líderes da igreja.

Portanto, esta questão deve ser respondida primeiro. Para encontrar uma resposta, faça o seguinte: pergunte ao Espírito de Revelação se seus ancestrais fizeram um pacto que influencia seu pergaminho.

---

[126] Jeremias 1:4-10; Salmo 139

Você também pode pedir a seus familiares que lhe contem a história de sua família. As pessoas morreram prematuramente? Que hábitos são dominantes em sua família? As pessoas são viciadas? Eles se comportam de maneira não natural? Todas essas perguntas podem ajudá-lo a compreender se e como Satanás está influenciando sua vida.

Quando for difícil encontrar uma resposta sozinho, você pode pedir a outras pessoas que orem por você. Você pode pedir a alguém que esteja familiarizado com a oração *Restaurando as Fundações* para ajudá-lo. Essas equipes ajudam a limpar os alicerces de sua vida. Fazer a pesquisa sobre sua ancestralidade faz parte da oração.[127] Quebrar o poder de antigas maldições é algo que fazemos nas cortes do céu.

Quando você descobrir quais selos estão em seu pergaminho, não é hora de removê-los? Afinal, um pergaminho selado não pode ser lido. Vemos que João está chorando porque ninguém no céu foi capaz de quebrar os selos do livro no céu. Mas suas lágrimas possibilitaram que o Cordeiro de Deus se apresentasse para quebrar esses selos.[128] Selos são rompidos quando temos grande arrependimento por nossos pecados e pelos pecados de nossos ancestrais.

Selos também são quebrados por nossa obediência. Um amigo meu descobriu recentemente a existência de seu pergaminho, mas logo descobriu que estava selado. Quando ele perguntou ao Pai em espírito de oração o que ele poderia fazer a respeito, Deus respondeu que ele deveria ser batizado. Quando ele fizesse isso, um dos selos em seu pergaminho seria quebrado.

Pergunte a Jesus quais selos você pode quebrar seu pergaminho.

Alguns acham difícil ser batizados nas águas - não porque não estejam convencidos de que é necessário, mas porque acham as consequências difíceis. Quando você é batizado, isso pode ter um grande efeito no relacionamento em sua família. Este é o momento em que sua obediência é testada. Você realmente quer saber o que está escrito em seu pergaminho e a tarefa que Deus lhe deu? Então, obedeça a Ele

---

127   Para mais informação visite: https://www.restoringthefoundations.org/
128   Apocalipse 5:1-6

quando Ele pedir que você faça algo, mesmo quando for difícil.

Satanás Vem Para Destruir

Nas muitas sessões de libertação que tivemos nos últimos vinte anos, a parte divertida é sempre quando começamos a desvendar o destino dos confidentes pelos quais oramos. O inimigo faz tudo o que pode para destruir nossos destinos. O padrão que observamos é quase sempre o mesmo.

O principal objetivo da hostilidade que experimentamos tem apenas um propósito: destruir o próprio destino. Quando alguém foi chamado para ser um evangelista, essa pessoa experimentava agorafobia. Quando alguém era chamado para pregar, gaguejava. Podemos usar essas táticas do inimigo para nosso benefício, a fim de obter alguma compreensão do chamado de Deus em sua vida.

Esta é a razão pela qual o Apocalipse nos fala das recompensas para aqueles que vencem seu inimigo. Sim, você pode sentir medo quando tenta entrar em seu destino. Mas, a única maneira de superar isso é enfrentá-lo. Este é o momento em que você pede ajuda neste processo ao Espírito Santo de Poder.

Descreva a maior batalha que você teve que lutar em sua vida.

Descreva a resistência e as emoções que você experimenta nas batalhas em sua vida. Enfrente os inimigos e proclame o sangue do Cordeiro. Quando esta pergunta em sua vida for respondida, você receberá o discernimento da direção que Deus lhe deu. Escreva quais obstáculos você experimentou em sua vida e, em seguida, combine cada um deles com uma promessa bíblica de Deus para sua vida. Proclame-os diariamente!

Nossa Personalidade É Um Dom

Sua personalidade é criada por Deus para ajudá-lo a ter sucesso na realização de sua tarefa. É por isso que é importante entender o que é sua personalidade, para que você possa discernir seus pontos fracos e fortes. Existem muitos testes disponíveis que podem ajudá-lo a descobrir que personalidade você tem. O teste DISC é apenas um exemplo.

O teste DISC distingue entre quatro tipos de personalidades. O primeiro tipo é baseado em ser orientado para a tarefa ou orientado para as pessoas. O segundo tipo diz respeito à sua capacidade de tomar decisões: você decide rapidamente ou com o tempo? O teste ajuda você a entender as armadilhas e os pontos fortes de cada personalidade. Também o ajuda a entender se seu comportamento é resultado de suas circunstâncias ou de sua força interior.

O resultado do teste geralmente é uma combinação de dois ou três estilos de personalidade. O primeiro estilo é a "Personalidade dominante", o segundo estilo é a "Personalidade influente", o terceiro estilo é a "Personalidade de estabilidade" e o quarto é a "Personalidade de consciência". Na tabela a seguir, você verá uma ilustração muito simples das principais características de cada estilo.

Apresentação Simples dos Estilos de Personalidade DISC

	Dominante	**Influente**
Mundo Ideal	Cheio de desafios	Diversão
Maior Medo	Perda de controle	Rejeição
Foco no Tempo	Tem que acontecer agora	Amanhã está bom
Emoções	Nervosismo	Felicidade / Otimismo
Tipo de Questão	O quê?	Quem?
Motivação	Ser importante	Ser reconhecido
	Consciencioso	**Estável**
Mundo Ideal	Tudo é perfeito	Tudo é pacífico
Maior Medo	Ser criticado	Perda de segurança
Foco no Tempo	Vive no passado	Vive no presente
Emoções	Medroso e cuidadoso	Preocupado
Tipo de Questão	Por quê?	Como?
Motivação	Estar certo	Construir relacionamentos

Vamos revisar os termos na primeira coluna à esquerda. Como é o seu mundo ideal? Em outras palavras, quais fatores ambientais estão lhe dando energia? Qual é o seu maior medo ou do que você realmente tem medo? Qual é o seu foco de tempo? Em que prazo você está vivendo? Você quer tudo agora ou está sempre olhando para o passado? Como você expressa suas emoções? Que tipo de perguntas você faz aos outros ou a si mesmo? E, finalmente, qual é o seu maior motivador para trabalhar com outras pessoas?

Descubra qual personalidade te descreve melhor.

Esta é uma breve descrição das personalidades DISC. Para obter mais informações, é muito útil fazer um teste DISC.[129] A personalidade que você recebeu de Deus é um indicador da designação que você recebeu. Você é quem Deus diz que você é, e ninguém é capaz de roubar isso de você. Você só precisa acreditar por si mesmo.

O Pai Quer o Melhor Para Você

Às vezes, pensamos que é o prazer de Deus nos dar uma tarefa que odiamos. Gostamos muito do calor tropical e das praias, mas Deus certamente nos enviará às regiões polares para ensinar os esquimós.

Reconhecemos esse padrão de crença? Nosso pai é um bom pai. Ele conhece os desejos do seu coração e o que é adequado para você. Ele o tornou perfeito e o ama muito. Isso significa que a tarefa que Ele lhe deu está completamente em sintonia com quem você é e não o contrário.

> *Pois eu bem sei os planos que estou projetando para vós, diz o Senhor; planos de paz, e não de mal, para vos dar um futuro e uma esperança.*
>
> *Jeremias 29:11*

A bondade de Deus é avassaladora. Quando você está fazendo o que

---

[129] Uma versão curta de um teste DISC gratuito pode ser encontrada aqui: https://discpersonalitytesting.com/free-disc-test/

Deus pediu que você fizesse, você ganha vida. Não é uma punição ou um fardo carregar a tarefa de seu Pai. Você foi criado com uma paixão interior que lhe permite superar todas as dificuldades que encontrar. Faça as coisas que você gosta naturalmente; coisas que lhe dão energia e pelas quais você é apaixonado. Reserve um momento para se sentar e anotar as coisas na vida com as quais você realmente se preocupa e o que odeia fazer. Ao fazer isso, você fica mais perto de saber qual é a atribuição de Deus.

Descreva o que você realmente gosta e pelo que é apaixonado.

Esta é a essência do coração de Deus para você. Você ficará feliz quando estiver fazendo o que Deus colocou em você.

Apenas uma pequena nota lateral. Não confunda as paixões que Deus lhe deu com os desejos de sua alma pelas coisas deste mundo. Seja honesto consigo mesmo e examine suas paixões junto com o Espírito Santo. Ele é quem pode mostrar-lhe os melhores caminhos. O que é verdadeiramente Ele e quais são os prazeres mundanos? É uma grande alegria estar ocupado realizando seus sonhos e paixões.

Então disse eu: Eis aqui venho; no rolo do livro está escrito a meu respeito: Deleito-me em fazer a tua vontade, ó Deus meu; sim, a tua lei está dentro do meu coração.
Salmo 40:7-8

Todos Nós Recebemos Um Talento Especial

Deus deu a você todas as habilidades e talentos de que você precisa para cumprir sua tarefa. Se Ele o chamou para escrever e tocar a música celestial na terra, você é naturalmente dotado para isso. Você ainda terá que aprender e praticar muito para desenvolver seu talento e habilidades. Mas você pode ter mais sucesso do que alguém que não seja tão talentoso quanto você.

Quantas vezes vemos que os competidores de um show de talentos têm apenas um sonho: mostrar seu talento para o mundo inteiro, custe o que custar? Escreva as coisas que são fáceis para você, mas difíceis para os outros. Quando as pessoas pedem sua ajuda, o que elas querem de você?

Quais talentos e habilidades você recebeu?

Anote as coisas em que outras pessoas ficam genuinamente surpresas com você porque vêem como essas coisas são fáceis para você fazer. Essas são coisas para as quais você está equipado; que cabe em você como uma luva. Você vê imediatamente o que precisa ser feito e para você é natural. Não se afaste desses presentes. Abrace seus talentos e habilidades e os desenvolva.

A Confirmação Profética

Alguns receberam uma palavra profética sobre sua vida. Palavras proféticas ajudam você a encontrar a direção certa na vida. A profecia o encoraja, apóia e corrige. É útil anotar cada palavra profética que você receber.

Quais direções proféticas você recebeu?

Procure o resultado final em todos esses incentivos. A maioria das profecias confirma o que você já sabe por dentro. Essas profecias o encorajam a ir mais longe na realização de seu destino.

O Quadro de Humor

Criar um quadro de humor pode ajudá-lo. Na Holanda, temos um programa de televisão onde eles ajudam você a redesenhar sua casa. Para criar uma nova sala de estar, os candidatos criam um quadro de humor ou de visão. Eles usam revistas, recortando qualquer imagem que os ajude a mostrar sua visão emocional, ou humor, sobre o quarto dos sonhos.

O mesmo se aplica ao nosso desejo de cumprir o destino que Deus nos deu. Nós realmente ficaremos entusiasmados quando percorrermos a caminhada de Deus. Às vezes, o caminho pode ser difícil, mas há algo dentro de nós que se alegra porque sabemos que estamos no caminho certo.

Crie um quadro de humor para expressar suas emoções.

Tente expressar as emoções ou o humor que você sente quando pensa sobre a realização de seus sonhos. Pode ser útil explorar alguns sites com dicas práticas sobre como criar um quadro de humor.[130]

Escreva Seu Pergaminho

Essas tarefas o ajudam a entender melhor o conteúdo do seu pergaminho. Em suas próprias palavras, escreva o que você acha que Deus pediu que você fizesse. O Pai deseja apenas o melhor para você. A única coisa que Ele deseja é que você cumpra o chamado da sua vida; que você se destaca bem. O Pai não é um espectador. Ele não é um espectador de um jogo. Ele está ao seu lado para ajudá-lo a ter sucesso e quer fazer parte da sua equipe. Junto com você, Ele quer vencer todos os jogos.

Quando tiver concluído todas as tarefas deste capítulo, você pode começar a descobrir e escrever o que você experimentou que está escrito em seu pergaminho. Você sabe o que gosta de fazer e as coisas em que é bom. Haverá confirmações proféticas. Perceba que seu destino está diretamente ligado à sua paixão.

Agora você pode entender melhor por que encontrou tanta resistência em uma área específica de sua vida. Quando você escreve essas coisas, também está proclamando e decretando qual é o seu mandato nas cortes do céu. Você está autorizado a silenciar toda voz que fala contra o seu destino; cada voz que o impede de cumprir o plano de Deus para sua vida na terra.

---

130   http://erinblaskie.com/vision-and-mood-boards/

Descreva o mandato que você recebeu do Pai.

Tenha confiança ao decretar seu destino diante do Pai. Ele testemunhou isso em sua vida no dia em que seu pergaminho foi escrito. Concorde com Ele e renuncie ao adversário. Desta forma, a vocação e o destino da sua vida serão estabelecidos pela boca de duas ou três testemunhas. [131] Você tem permissão para pleitear as promessas de Deus para sua vida. Invoque a designação que Deus deu. Apoie-os com as confirmações proféticas que você recebeu. Encontre versículos de apoio nas Escrituras. Lembre a Deus sobre as promessas que Ele fez. Suplique, assim como Moisés fez; que também é do interesse Dele que seu destino na Terra seja cumprido. Depois de executar todas essas atribuições, você é capaz de escrever o mandato que recebeu do Pai.

Conclusão

Quase posso ouvir você resmungar: "Tenho que fazer tudo isso antes de entrar nas cortes do céu?"

A resposta é: "Não, você não precisa".

Mas quando você tiver adquirido a compreensão da escala da designação que Deus lhe deu, estará muito mais bem equipado para apresentar seu caso nos tribunais do céu. Portanto, a resposta também é: "Sim, você faz. É para o seu próprio benefício. "

O mandato que você tem nas cortes do céu está diretamente relacionado com o mandato que você recebeu de Deus. Veja o cumprimento das designações do capítulo como um investimento em sua própria vida. Você não vai se arrepender de um único minuto que gaste nisso, porque você finalmente receberá uma resposta para a pergunta mais importante em sua vida: "Por que estou nesta terra?"

No próximo capítulo, você descobrirá por que ir ao tribunal. Você aprenderá a descrever o que é injustiça, o que foi feito a você e, o mais importante, como seu mandato é apoiado pelas Escrituras.

---

131   2 Coríntios 13:1

13

Descreva a Injustiça

Pode haver muitas razões para apresentar um caso de justiça em um tribunal terreno. Você pode ter um conflito com seu vizinho, um processo de rescisão em seu trabalho ou até mesmo um crime mais grave que foi cometido contra você. Você vai ao tribunal porque está convencido de que uma injustiça foi cometida contra você. Você quer esclarecer as coisas. Talvez você tenha tentado resolver o conflito pessoalmente, mas não teve sucesso. Você está convencido de que pode persuadir o juiz a ver o seu ponto de vista. Você espera que o juiz o justifique por tudo o que foi feito a você. Você não vai ao tribunal porque gosta de estar lá. Um processo judicial pode ser um empreendimento caro. Em geral, a parte que perde a ação deve arcar com o custo do julgamento.

Toda pessoa tem o direito de apresentar seu caso perante um juiz. Isso também é verdade nas cortes do céu. Nós, como cidadãos do reino dos céus, obtivemos o direito de apresentar nosso caso perante o Juiz Celestial. Vemos isso especialmente na vida de Davi, que regularmente apelava a Deus para vindicá-lo.

> *Sustentaste o meu direito e a minha causa; tu te assentaste no tribunal, julgando justamente.*
> *Salmo 9:4*

> *Ouve, Senhor, a justa causa; atende ao meu clamor; dá ouvidos à minha oração, que não procede de lábios enganosos. Venha de ti a minha sentença; atendam os teus olhos à equidade.*
> *Salmo 17:1-2*

> *Faze-me justiça, ó Deus, e pleiteia a minha causa contra uma nação ímpia; livra-me do homem fraudulento e iníquo.*
> *Salmo 43:1*

Essencialmente, você apresenta seu caso nas cortes do céu para ser justificado. Você percebe que as orações que você faz em sua câmara interna são ouvidas no tribunal celestial? A maioria de nós já esteve nas cortes do céu mais do que imaginamos. É importante que você saiba exatamente que injustiça foi feita a você. Você não está se aproximando do Juiz para dizer-Lhe que está triste ou que está muito zangado com alguém. O Juiz Celestial não é um conselheiro da igreja que acaricia sua cabeça. Ele dá um veredicto baseado nas leis de Seu reino. Você tem que provar, na sessão do tribunal, que sua reclamação tem fundamento legal. Isso significa que a injustiça que foi infligida a você deve ser biblicamente fundamentada. É por isso que você precisa se preparar.

Único Problema

Você precisa manter as coisas simples, especialmente quando você está começando a orar assim. Escolha uma situação particular em sua vida; seja no trabalho, na igreja ou em um assunto privado. Em seguida, desenvolva seu caso com base no que é apresentado aqui neste capítulo. Durante sua primeira sessão formal do tribunal, você apresenta apenas um caso, uma única questão, por assim dizer, ao juiz.

Não tente lidar com todas as injustiças que aconteceram em sua vida em apenas uma sessão de tribunal. Não se envolva com o caso mais complicado. Basta começar de forma simples, para que você possa aprender como funciona o protocolo do tribunal. Por exemplo, você pode começar com um caso como o de Sven Leeuwestein descrito em seu prefácio. No momento em que você começar a experimentar Deus como o Juiz de toda a terra e Ele começar a justificá-lo, sua fé crescerá. Você se tornará mais experiente e criará um quadro de referência maior.

Quem te Ofendeu?

Todos já passaram por um período em que não conseguiram o que achavam que tinham direito - talvez um benefício da cidade, uma recompensa ou uma promoção em seu trabalho. Você pode experimentar injustiça até na igreja. Os líderes podem e cometerão erros, ou outros membros da igreja podem tratá-lo injustamente. Nem sempre é fácil falar sobre as coisas que aconteceram em sua vida. Você pode ter passado por um grande trauma com tanta dor que decidiu ficar calado a respeito. O perpetrador pode ser tão intimidante que você não ousa contar a ninguém. Mas, enquanto você ficar em silêncio, o Juiz Celestial não pode dar um veredicto e justificá-lo. É o mesmo aqui na terra. A polícia, o promotor público e o juiz só podem agir depois de você ter apresentado a queixa.

Descreva quem te ofendeu.

Mas, por outro lado, você pode cometer o erro de falar com todo mundo sobre o suposto crime que foi cometido contra você. Você evita confrontar aquele que acredita ser o responsável e começa a fofocar sobre ele pelas costas.

Não é assim que deve ser feito. Primeiro, prepare uma lista e escreva aqueles que você considera responsáveis pela injustiça. Pense nos membros da família, amigos, colegas de trabalho ou líderes na igreja. Também pode ser uma organização, empresa ou autoridade pública. A questão é: não comece a culpar demônios ou satanás. Você aponta quem você acha que é o responsável e deixa o Juiz Celestial lidar com os poderes espirituais por trás deles.

O Que Aconteceu?

Cada vez que alguém o magoa, você experimenta isso como um ato ilegal contra você. Afinal, você está sendo ferido e isso pode deixar feridas profundas. Ainda assim, é muito importante ser preciso ao descrever essa injustiça. Tem um fundamento bíblico? Não é importante se suas emoções dizem que algo é ilegal; só importa se a Bíblia diz isso. Quando você apresenta seu caso, os fundamentos legais só podem ser encontrados em uma violação da lei do reino conforme descrito nas Escrituras, não em seu estado emocional.

Mais uma vez, quero enfatizar que suas emoções são importantes, mas não são decisivas quando se trata da questão da culpa.

Descreva o que aconteceu e apoie isso com fatos.

Reserve um tempo para descrever precisamente o que aconteceu e esclarecer por que você vê isso como um ato ilegal. Seja factual e específico e apoie seu caso com as Escrituras. Você sempre pode pedir a alguém para ajudá-lo com isso. Diga ao tribunal há quanto tempo essas coisas acontecem. Pode ser algo que aconteceu quando você era jovem ou uma ocorrência recente. É importante descrever as circunstâncias com a maior precisão possível.

Você Procura Paz?

Esteja ciente de que sempre experimentamos as coisas através das lentes de nossos próprios olhos. Sua percepção e julgamento de uma situação são, por definição, tendenciosos. Na maioria das vezes, você não tem ideia do que seu oponente experimentou, a menos que tenha tentado discutir o conflito com ele.

Jesus explica a maneira pela qual devemos resolver nossos conflitos. Deus nos pergunta primeiro se estamos dispostos a resolver o conflito que temos com nosso oponente. Você pode fazer isso sozinho ou pedir a uma testemunha que se junte a você, como alguém que realmente testemunhou o que aconteceu. Quando você não consegue restaurar o relacionamento, você pode prosseguir apresentando seu caso perante o Juiz Celestial. Isso é o que Jesus descreve em Mateus.

> *Ora, se teu irmão pecar, vai, e repreende-o entre ti e ele só; se te ouvir, terás ganho teu irmão; mas se não te ouvir, leva ainda contigo um ou dois, para que pela boca de duas ou três testemunhas toda palavra seja confirmada. Se recusar ouvi-los, dize-o à igreja; e, se também recusar ouvir a igreja, considera-o como gentio e publicano.*
>
> *Mateus 18:15-17*

O que você fez para restaurar o relacionamento?

É minha convicção que Jesus está se referindo ao Beth Din quando fala sobre a igreja. Quando você não é capaz de resolver o conflito sozinho, pode apresentar seu caso ao Juiz Celestial. É isso que você está fazendo quando entra no tribunal móvel com suas testemunhas para apresentar seu caso. Mas faça isso apenas se todos os outros esforços falharem, porque quando você começar a implorar, a pergunta será: "O que você fez na terra para resolver este conflito? Você fez o seu melhor para restaurar o relacionamento?"[132]

Se um não quer, dois não brigam

Este velho provérbio ainda tem seu mérito. Raramente existe um conflito em que apenas uma das partes é a culpada. Você precisa ser brutalmente honesto sobre sua parte neste conflito. O que você fez? Que palavras negativas você falou em sua raiva? Eclesiastes nos avisa que não devemos amaldiçoar o rei, mesmo em nossos pensamentos, para que os pássaros do ar não entreguem a mensagem.[133]

Quando você está com raiva e fala (ou mesmo pensa) mal de seu irmão, Satanás pode usar seu testemunho como uma acusação contra seu irmão. Essa é a última coisa que você deseja, porque a acusação não afetará apenas seu irmão. Também será usado contra você.

Descreva seu papel no conflito.

Seja brutalmente honesto consigo mesmo e pergunte a Jesus como Ele vê o assunto. Ele governa acima de todas as partes e lhe responderá com honestidade. Às vezes, Ele fala com você diretamente e às vezes usa seus amigos. Mas, quando você não escuta, Ele até usa seus inimigos para passar a mensagem. Tome a iniciativa de pedir perdão à outra pessoa. Não importa se sua parte no conflito foi pequena. Não comece a transferir a culpa inteiramente para o seu oponente. Isso é exatamente o que Adão e Eva fizeram no paraíso. Ao fazer isso, você corre o risco de ser acusado em tribunal pelo seu oponente.

---

132 Romanos 12:18
133 Eclesiastes 10:20

Conheça a Acusação

Quando você comete um crime grave, o escritório do promotor público na Terra o levará ao tribunal. O promotor distrital reunirá evidências, ouvirá testemunhas e acusará você no tribunal. Sem uma acusação formal, não pode haver julgamento. A acusação deve ser baseada na lei da nação. Você não pode ser cobrado por algo que não é ilegal.

Às vezes, você tem a sensação de que alguém se ofendeu com você. Você não tem ideia do que fez de errado, mas está ciente das pequenas mudanças no relacionamento. A cordialidade e a gentileza que você experimentou no passado se transformaram em uma saudação reservada e superficial. Você pode perceber que as pessoas estão falando sobre você ou, pior, o acusaram nas cortes do céu. O que você pode fazer nessas circunstâncias?

Você se prepara, junto com seu advogado de defesa, da melhor maneira que pode. É imperativo conhecer e compreender as acusações e acusações que foram levadas a tribunal. Uma das condições mais importantes para um julgamento justo é o direito de saber o que são. O promotor distrital tem de lhe dizer quais são as acusações e quais são as provas. Pode até haver um julgamento anulado quando o promotor público retém as provas.

Quais são as acusações contra você?

Isso também é verdade nas cortes do céu. Você tem o direito de saber quais acusações estão sendo apresentadas contra você. Isso não se aplica apenas às acusações que Satanás trouxe ao tribunal; também se aplica às acusações feitas por outros seres humanos.

É sobre isso que Jesus nos adverte no sermão da montanha. Quando você vai a um tribunal e seu adversário o está acusando, ele pede que você concorde com eles rapidamente. Se você não fizer isso, você corre o risco de ser condenado.[134]

É por isso que é tão importante ser transparente e honesto em sua pesquisa sobre as razões por trás do conflito. Pergunte ao Espírito

---

[134] Mateus 5:25-26

Santo quais acusações foram feitas contra você. Então, seja honesto e reconheça sua parte.

Quais São As Mentiras Do Inimigo?

Uma das táticas legais que o inimigo usa é colocar toda a culpa na sua porta. Ele faz isso fofocando e espalhando mentiras sobre você. O resultado pode ser que você constantemente pense negativo sobre si mesmo. Você assume a culpa por coisas que não fez, ou, inversamente, você culpa todos os outros pelos problemas em que está.

Uma das coisas mais difíceis de fazer é deixar bem claro os votos e pensamentos íntimos que você tem, a menos que os torne públicos. Enquanto você ficar em silêncio sobre as acusações que ouve em sua mente, o inimigo pode controlar sua vida. No momento em que você se torna limpo e revela seus pensamentos íntimos, a verdade pode brilhar sobre ele. É por isso que é importante fazer esse processo com outra pessoa. Você recebeu o direito de silenciar todas as línguas que se voltaram contra você no tribunal.[135] Não deixe que as mentiras do inimigo o paralisem por mais tempo.

Deixe-me dar um exemplo. Depois que Jesus nasceu, todos em Israel sabiam que algo estava acontecendo. Houve sinais em Seu nascimento - magos que vieram do leste, anjos que apareceram aos pastores e assim por diante. Esses eventos trouxeram esperança aos corações do povo de Israel. Mas nem todos ficaram satisfeitos com a chegada desse Messias.

Que mentiras estão acusando você?

Foi Satanás que fez Herodes matar todos os meninos de Belém com dois anos de idade ou menos. Desta forma, ele tentou destruir o destino de Jesus matando a Ele e a incontáveis outros. Seu plano falhou totalmente porque os anjos de Deus avisaram José a tempo. Mas você pode imaginar o fardo que Jesus teve que carregar?

Satanás não conseguiu matar Jesus, mas posso imaginar que ele colocou a culpa pelo assassinato de milhares de meninos inocentes em

---
[135] Isaías 54:17

Jesus: "Porque você nasceu, eles tiveram que morrer!"

Isso é o que Satanás também faz conosco. Ele só quer uma coisa: impedir-nos por todos os meios necessários para destruir nossos destinos. Quando ele não pode nos tocar, ele tenta nos pressionar contando todos os tipos de mentiras, a fim de nos minar completamente.

Proclame a Justiça de Deus

Depois de descrever a injustiça que aflige você, você começa a balancear esse mal com as promessas que Deus fez em Sua Palavra. O que a Bíblia diz sobre cura, libertação, providência e restauração? Deus cuida da viúva e dos órfãos - aqueles que têm que andar sozinhos na vida. Use essas promessas da Palavra de Deus para apoiar seu apelo.

Apoie seu apelo com as Escrituras

Você começa com a apresentação do seu caso, escrevendo as respostas às perguntas e a tarefa mencionada neste capítulo. Apoie-os tanto quanto possível com versículos das Escrituras. Você pode encontrar muitos deles nos Salmos e Provérbios de Salomão. Mas, também dê uma olhada no livro de Jó. Você pode ler como ele apresenta seu caso perante o Todo-Poderoso. Use suas próprias palavras para apresentar suas reclamações ou demandas. Seja específico, seja claro, seja transparente e seja amoroso.

Conclusão

As tarefas neste capítulo podem ser as mais difíceis de todo o livro. É aqui que você chega à raiz da injustiça que se abateu sobre você. É muito importante colocar em palavras sua versão do que aconteceu. Leve o seu tempo para fazer isso. A primeira vez é sempre emocionante e talvez difícil. Afinal, você ainda não tem um quadro de referência para este novo empreendimento.

Talvez você esteja lendo este livro porque alguma injustiça foi infligida a você, ou você está meramente interessado no assunto, mas conforme você lê, o Espírito Santo está derramando Sua Luz sobre algumas das coisas que aconteceram com você. Provavelmente, já está acontecendo há um certo tempo. A dor é intensa, a frustração é grande e as emoções mal podem ser controladas.

Mas o fim de sua tristeza está próximo. Há um Juiz no céu esperando ansiosamente por você. Ele passa a ser seu pai e amigo. Seu irmão, Jesus, é o seu Advogado que está ao seu lado. Depois de seguir esse procedimento detalhadamente, você verá que ele se tornará mais fácil e rápido.

Finalmente, no próximo capítulo, você entrará no tribunal e apresentará seu caso ao Juiz Celestial.

14

Venha, Vamos Julgar Juntos

Cada sessão do tribunal é estruturada de maneira consistente. Quando o juiz está sentado, o tribunal está em sessão. Todos os que participam da sessão do tribunal precisam confirmar suas identidades, como advogado, consultores, testemunhas e peritos. O caso é apresentado, as testemunhas são ouvidas e, no final, o Juiz dá o veredicto.

Que eu saiba, os tribunais do céu não funcionam com um sistema de júri. No sistema de tribunais celestiais, o juiz ouve todos os argumentos, toma a decisão, dá um veredicto e determina a sentença. Você se aproxima do Juiz Celestial com fé; Ele também é seu Pai e Amigo. Porque Ele está em uma posição oficial, você O chama de "Juiz Celestial". Esta é a forma de mostrar respeito ao cargo e ao papel que o Todo-Poderoso exerce naquele momento.

Não se esqueça de que entrar no tribunal e perceber o que está acontecendo lá é tudo feito dando um passo na fé. Isso o ajudará a imaginar a sala do tribunal. O juiz se senta bem diante de você. Jesus Cristo é o seu advogado e está ao seu lado. Do outro lado da sala está o seu adversário. Há bancos onde as testemunhas estão sentadas e há um escriba que registra tudo o que acontece. Há também uma galeria pública onde os demais acompanham o que está acontecendo. O convite foi enviado e o céu está esperando ansiosamente. Quando os santos do Altíssimo responderão ao Seu convite?

> *Vinde, pois, e arrazoemos, diz o Senhor: ainda que os vossos pecados são como a escarlata, eles se tornarão brancos como a neve; ainda que são vermelhos como o carmesim, tornar-se-ão como a lã.*
>
> Isaías 1:18

Na tradução holandesa, lemos: *Venha agora, vamos entrar no tribunal e resolver a questão*. Em hebraico, diz: *Julguemos juntos*. É como se o Pai nos convidasse a apresentar nosso caso - nossa vida - em Sua Corte. Ele nos promete que nos limpará e nos purificará.

Preparação da Sessão do Tribunal

Neste capítulo, você é guiado passo a passo pelos diferentes estágios do teste. Para ajudá-lo, todas as orações estão escritas para que você possa pronunciá-las em voz alta. Quando você tiver feito sua lição de casa, todas as tarefas dos capítulos anteriores estarão concluídas. Isso inclui a investigação do conteúdo de seu pergaminho, para que você saiba qual mandato possui para pleitear de maneira adequada. Você também pesquisou que tipo de injustiça foi cometida contra você e que papel desempenhou no conflito. Você escolheu um único assunto, não todas as injustiças de toda a sua vida.

Você abençoou seus inimigos e pediu perdão pelas coisas que fez no conflito. Durante esta sessão, tudo o que for mencionado será tratado. Leve o seu tempo para entrar no descanso do seu Pai. Tome providências para não ser incomodado. (Desligue seu celular!). Você será muito beneficiado quando fizer isso com outra pessoa, especialmente quando fizer isso pela primeira vez. Juntos, vocês são muito mais capazes de perceber o que está acontecendo no tribunal celestial. Talvez vocês possam tomar a ceia antes de começar.

Ao preparar a sessão do tribunal, é bom começar a agradecer a Deus em oração. Enfatize que você está entrando em Seu tribunal para exaltar Seu nome. É seu desejo que a vontade Dele seja feita na terra como no céu. Diga a Ele que você não busca a sua própria honra, mas a honra do Todo-Poderoso, de Seu Filho Jesus Cristo e do Espírito Santo. Confesse que a retidão e a justiça são a base de Seu trono.

Abertura da Sessão do Tribunal

Nesta parte, você reconhece a autoridade do juiz em geral e exige que todos os presentes nesta sessão do tribunal façam o mesmo. É muito importante que você fale apenas com o Juiz Celestial. Tudo o que está sendo dito é falado a ele. Assim como em um tribunal terrestre, o juiz abrirá a sessão.

> Juiz celestial, eu apareço diante de ti em nome do Senhor Jesus Cristo e no sangue do Cordeiro. Eu reconheço que Você tem todo o poder no céu, na terra e sob a terra. Você tem todo o domínio. Eu reconheço que este tribunal está autorizado a proferir um veredicto no caso que é apresentado a você. Juiz Celestial, peço-lhe que abra esta sessão do tribunal.

> Solicito também que todos os envolvidos neste processo estejam presentes neste tribunal. Peço que todos os livros que tenham relevância sejam abertos. Nós e todos os presentes nos sujeitamos debaixo do poder do sangue do Cordeiro.

> Declaro que direi a verdade e nada além da verdade, não irei omitir nada durante esta sessão. Declaro que fiz todas as coisas razoáveis para restaurar o relacionamento com meu oponente, para discutir a injustiça que experimentei.

Confissão de Fé

Assim como em um tribunal terreno, é importante que sua identidade seja confirmada. Esta é a razão pela qual você professa sua fé; para que todos na corte celestial saibam quem você é e qual é a sua posição. Você também assume sua responsabilidade pelas iniquidades e pecados de seus antepassados. Você age como um sacerdote em favor deles. Isso evita que Satanás use os pecados de seus ancestrais como base para dizer que você é inadmissível. Ao declarar essa confissão de fé, você também lida com quaisquer juramentos ou pactos feitos ou selados por seus antepassados.

> Juiz Celestial, eu .... (nome completo) confesso que Jesus Cristo de Nazaré veio em carne. Eu confesso que Ele morreu na cruz e que Ele derramou Seu sangue para a salvação de minha

alma. Confesso que Seu Filho ressuscitou dos mortos e agora está ao meu lado para interceder por mim. Confesso que este Jesus é o Cristo e meu Senhor.

Juiz Celestial, peço que me julgue de acordo com a Sua Lei perfeita, a Torá. Confesso que sou responsável por todas as transgressões, pecados e iniquidades que cometi. Eu também confesso isso em nome das transgressões, pecados e iniquidades de meus ancestrais. Assumo a responsabilidade por suas ações e suas consequências.

Eu me posiciono em Cristo. Eu morri na cruz com ele. Eu peço que você coloque qualquer punição por meus pecados em Cristo lá na cruz. Peço perdão por todas essas transgressões, pecados e iniquidades, com base no sacrifício de Jesus Cristo na cruz e no sangue do Cordeiro que foi derramado por mim. Peço que julgue todos os que estão envolvidos nesta sessão do tribunal da mesma maneira.

Declarando Seu Mandato

When you have prepared your court case, you have determined the mandate you have to present this specific case to the Heavenly Judge. You are presenting your case because there is a personal injustice, or you are mandated by someone else to plead their case. You establish this mandate before you begin. The person who is asking you to present them in the heavenly court must, of course, be authorized to do so.

Quando você prepara seu caso judicial, você determina o mandato que você tem para apresentar este caso específico para o Juiz Celestial. Você está apresentando seu caso porque há uma injustiça pessoal ou porque outra pessoa o mandou defender. Você estabelece este mandato antes de começar. A pessoa que está pedindo a você que os apresente na corte celestial deve, é claro, estar autorizada a fazê-lo.

Juiz Celestial, com base no destino que Você me deu, ou com base no poder que me foi dado, declaro que estou mandatado para apresentar este caso diante de Você e pleitear de acordo.

Juiz Celestial, Você me deu a missão de cumprir este destino na terra. Declaro que Satanás está me obstruindo para me impedir de realizar este destino de acordo com a Sua vontade.

Perdoe e Seja Perdoado

Durante sua preparação, você descreveu a injustiça que foi feita a você. Este é o momento de reservar um tempo e pedir perdão pelo papel que você desempenhou no conflito. Você perdoa aqueles que o machucaram. Você fala uma bênção sobre suas vidas. Quando uma organização o prejudicou, perdoe aqueles que são responsáveis. Não deixe uma raiz de amargura crescer em seu coração. Revogue a palavra negativa que você falou com raiva ou frustração.

Eu perdôo aqueles que me machucaram de alguma forma. Eu escolho não ser amargo, mas fazer tudo o que puder para restaurar o relacionamento. Eu revogo quaisquer palavras negativas que falei sobre meu oponente por raiva ou frustração. Peço que essas palavras sejam apagadas pelo sangue do Cordeiro, de qualquer livro onde possam ter sido escritas.

Peço perdão por cada papel que desempenhei neste conflito que tenho com meu oponente. (Seja específico de como você foi responsável.)

Peço perdão a qualquer pessoa que tenha sido prejudicada de alguma forma. Peço a restauração dos danos que essas pessoas sofreram em decorrência das coisas que fiz ou disse.

O Apelo

Com base na injustiça que foi infligida a você, você deve apresentar queixa perante o Juiz Celestial contra seu oponente. Você tem permissão para pedir indenização por quaisquer perdas ou danos que tenha sofrido. Peça a restauração de seu destino e de tudo que foi ilegalmente roubado de você. O Juiz Celestial tomará a decisão final sobre a legitimidade de suas demandas.

Durante este apelo, você explica que injustiça foi feita a você. Você nomeia os fatos, apresenta as evidências e diz ao juiz que tipo de perda você experimentou. Então você explica quem você acha que é o responsável por isso. Não se esqueça de que você só se dirige ao Juiz Celestial; você não fala com as outras partes presentes.

Tente ser o mais específico possível, mas evite histórias longas. Deixe que a Palavra de Deus seja a base de sua súplica, não apenas para descrever a injustiça, mas também para apoiar seus pedidos de indenização. Use as notas que você escreveu ao cumprir as atribuições dos capítulos anteriores.

Juiz Celestial, eu apresento acusações contra .... (cite as pessoas / organizações) que me injustiçaram. Peço que os julgue assim como me julgou. Juiz celestial, peço, de acordo com minha confissão, que negue aos meus oponentes quaisquer direitos legais para me impedir por mais tempo na realização de meu destino.

Juiz Celestial, eu voluntariamente me separo de qualquer vantagem que eu, ou meus ancestrais, tenhamos recebido como resultado de qualquer convênio feito com os poderes das trevas. Eu peço que qualquer aliança feita entre os poderes das trevas e minha linhagem seja dissolvida. Eu renuncio a qualquer reivindicação que Satanás tenha sobre minha vida e minha linhagem.

Juiz Celestial, peço que os papéis do divórcio sejam redigidos e peço que Você os assine para que possam ser cumpridos. Exijo que qualquer selo que qualquer inimigo ou oponente tenha colocado em meu pergaminho seja quebrado para que meu pergaminho possa ser aberto e lido.

Juiz Celestial, estou pedindo uma compensação adequada por qualquer dano ou perda que essas injustiças tenham causado em minha vida.

Quando você pedir uma compensação, seja específico. Por exemplo, você pode mencionar que seus oponentes cumpram as promessas feitas, como libertação, cura ou restauração. Tenha cuidado para que suas demandas não venham de seus desejos carnais, mas estejam alinhadas com a vontade de Deus para sua vida. A vontade de Deus não é difícil de entender. Ele deseja o que é bom, aceitável e perfeito para sua vida.[136] Cite as pedras de limite que você deseja colocar, a fim de diminuir o poder de Satanás sobre sua vida.[137]

Termine sua oração abençoando as pessoas que se opõem a você neste caso. Proclame que eles também realizarão seu destino dado por Deus. Peça que tudo o que pertence a eles seja limpo pelo sangue do Cordeiro.

Depoimentos e evidências de testemunhas

Assim como em um tribunal terreno, todas as partes têm a oportunidade de falar. O seu oponente pode apresentar a sua declaração na sala do tribunal, a fim de apresentar também o seu ponto de vista. Peça a seus amigos que estão com você nesta oração para escrever o que eles experimentam ou percebem.

Juiz Celestial, peço-lhe que permita que meu oponente apresente seu caso. Também peço que dê às testemunhas a oportunidade de testificar. Peço que quaisquer acusações ocultas ou públicas contra mim sejam apresentadas ao tribunal. Também peço que qualquer evidência seja apresentada.

---

136 Romanos 12:2;
137 Página 50

Juiz celestial, peço que me mostre quais acusações contra mim têm direito legal. Assumo a responsabilidade por tudo de que sou acusado e confesso isso na Sua presença.

Tire algum tempo para fazer isso.

Eu invoco o sangue do Cordeiro para receber perdão por todas as minhas transgressões.

Juiz celestial, eu te peço, de acordo com o sangue do Cordeiro, para destruir todas as evidências apresentadas contra mim. Eu decreto e declaro que Jesus Cristo venceu todos os meus inimigos. Porque estou crucificado com Cristo, eu também venci todos os meus inimigos.

O Veredicto do Juiz

Depois de apresentar acusações contra seu oponente perante o juiz, você pede a Ele que dê um veredicto e atenda às suas demandas. Peça àqueles que oram com você que lhe digam o que perceberam no tribunal. Depois de receber o veredicto por escrito do Juiz Celestial, você precisa anotar esse veredicto. Você também pode registrar qualquer revelação profética que seus amigos recebam, mas é importante anotar o veredicto do juiz.

Juiz Celestial, peço que dê um veredicto em meu nome com relação às acusações que apresentei diante de Você. Peço que atenda minhas demandas. Também peço que entregue o veredicto e os papéis do divórcio que o acompanham. Obrigado, Juiz Celestial, por julgar com justiça. Acredito que recebi Seu veredicto junto com os papéis do divórcio.

Reserve um tempo para anotar todas as impressões que você e seus amigos receberem. Deixe todos os que estão orando com você dizerem o que perceberam no tribunal. Este é um passo importante porque o veredicto do juiz é vinculativo para todas as partes. Pergunte ao Espírito Santo se Ele deseja ajudá-lo a ouvir e entender a voz do Juiz.

Conclusão da Sessão do Tribunal

Depois de receber o veredicto do Juiz Celestial, chegou a hora de encerrar esta sessão do tribunal. Portanto, peça ao Juiz Celestial para encerrar esta sessão e abençoar todos os que estão presentes nesta sessão.

Juiz Celestial, eu te agradeço por sua bondade e misericórdia. Agradeço-te por teres julgado com justiça de acordo com a tua palavra. Eu louvo o seu nome e honro-o. Senhor Jesus, Você é digno de receber todo o poder, riquezas, sabedoria, força, honra, glória e ação de graças, para todo o sempre. Espírito Santo, agradeço por ter me ajudado neste caso judicial com toda a sabedoria e conselho.

Juiz celestial, peço a direção do Espírito Santo e dos Sete Espíritos de Deus, para poder executar o veredicto escrito. Peço permissão para enviar as Hostes do céu em meu nome, para executar o julgamento por escrito.

Juiz Celestial, peço-lhe que encerre esta sessão do tribunal. Declaro que realizei esta sessão sob a autoridade de Jesus Cristo e que estou protegido por Ele após esta sessão.

15

Execute O Julgamento Escrito

Parabéns! Você acabou de concluir seu primeiro caso no tribunal celestial. Esteja ciente de que seu Pai no céu anseia muito por este momento. Seu coração está cheio de bondade e paz para você. Ele tem um desejo imenso de caminhar com você e ver você realizar seus sonhos.

Você está na posse de um veredicto escrito do seu primeiro processo judicial. Valorize o que você conquistou! Todo o processo pelo qual você acabou de passar é um grande desafio para sua fé. Quanto mais comparecer às cortes celestiais, mais você perceberá o que está acontecendo lá, porque você vai desenvolvendo um quadro de referência. No começo pode ser difícil, por isso aconselho você a ler mais sobre como funcionam as cortes celestiais.

Como eu disse antes, é importante desenvolver sua percepção do reino espiritual. Tente praticar seus sentidos espirituais. Siga um programa de treinamento ou inscreva-se no NEST. Este é um programa de treinamento de três anos onde você aprende como acessar as dimensões espirituais como um filho ou filha de Deus maduro.[138] Você também pode se inscrever como aluno na Aactev8 Academy. Você aprenderá o que o Pai reservou para nós desde a fundação do mundo.[139]

O que você faz depois que o tribunal é encerrado? Em primeiro lugar, agradeça ao Juiz Celestial por fazer justiça e justificar você. Você está convencido de que Ele só deseja o melhor para você. Isso é o que Jesus nos prometeu que o Pai faria.[140]

É o desejo de Deus abençoá-lo com o melhor que o céu tem a oferecer. É Seu desejo que você cumpra seu destino, e Ele anseia por ajudá-lo com isso.

Sei que pode ser difícil interpretar o veredicto do Juiz Celestial corretamente. Pode ser tão difícil quanto entender o que Deus está di-

---

138 Para mais informação veja http://www.thefoundationnest.com
139 Para mais informação veja http://www.aactev8.com/start
140 Mateus 7:11

zendo a você pessoalmente. Embora você possa ser capaz de encorajar outra pessoa, quando você está no meio disso, a intensidade de suas emoções e pensamentos pode tornar difícil ouvir a voz de Deus de maneira adequada. Pode haver muitas perguntas em sua mente. Eu ouvi isso corretamente? Esses são meus próprios desejos? Eu realmente consegui o que pedi?

Todas essas são questões legítimas. Por esta razão, quero dar a você algo para continuar. Depois de receber o veredicto do juiz, é imperativo anotá-lo o mais rápido possível. Por isso é tão importante ter o apoio de alguns amigos, principalmente quando é a primeira vez que o faz. Seus amigos podem entender e perceber melhor o que o Pai está realmente dizendo, e quais são seus próprios pensamentos e emoções.

Escrever o julgamento é importante; este é um princípio bíblico. Cada decisão que Deus toma quando se senta em Seu trono é chamada de Decreto Real. Temos o mesmo aqui na Holanda. Nosso parlamento pode fazer uma lei, mas somente depois que o rei a assina é que ela se torna oficial. A lei não tem força legal até que seja assinada.

É por isso que é tão importante saber o que está escrito na decisão do conselho. As decisões do Conselho do Senhor devem ser aplicadas na terra, mas isso não acontecerá por si só.

Deixe-me dar um exemplo bíblico. Todos nós conhecemos o conteúdo da oração do Senhor. É a oração que Jesus ensinou a Seus discípulos quando Lhe perguntaram como deveriam orar. (Só por esta razão, deve ser chamada de Oração dos Discípulos).

> *Então, Ele passou a ensiná-los: "Quando orardes, dizei: Pai! Santificado seja o teu Nome; venha o teu Reino;*
>
> *Lucas 11:2*

Jesus diz a eles que a vontade de Deus é feita no céu, mas é tarefa dos discípulos ver que a vontade de Deus é feita na terra. A vontade de Deus é registrada em um decreto real, e é assinada por ele. A Bíblia chama isso de conselho do Senhor. No entanto, esse conselho deve chegar à terra para fazer cumprir seu poder legal. Por favor, leia atentamente; há uma diferença entre o conselho do Senhor, que é um decreto real, e o *Conselho* do Senhor, que é o poder executivo Beth Din sobre toda a criação.

A Visão de Daniel

Lemos em Daniel 10 que uma palavra é revelada a Daniel referente a uma grande batalha. Daniel entendeu esta palavra e recebeu uma compreensão sobre sua visão. Ele decidiu jejuar por três semanas pela salvação de seu povo. No final das três semanas, um anjo chegou com uma mensagem do trono para ele. Este anjo foi enviado no momento em que Daniel começou a implorar por sua nação, mas em seu caminho para a terra, o anjo foi muito resistido. Enquanto a mensagem não tivesse pousado na terra, a vontade de Deus não poderia ser feita aqui. No final dessa história, vemos que esse anjo tinha um livro para Daniel.

Contudo eu te declararei o que está gravado na escritura da verdade; e ninguém há que se esforce comigo contra aqueles, senão Miguel, vosso príncipe.

Daniel 10:21

Daniel obtém uma melhor compreensão do futuro de sua nação. Mas ele também recebe a ordem de selar as palavras que acabou de ouvir. Como ele faz isso? Ele faz isso selando o livro até o fim dos tempos. Enquanto o livro estiver selado, o conteúdo dele é um mistério.

No livro do Apocalipse, vemos o mesmo princípio. João estava nos céus e viu um livro selado com sete selos. Ouviu-se uma voz alta que perguntou se alguém era digno de quebrar os selos deste pergaminho. João estava chorando porque não havia ninguém no céu, na terra ou debaixo da terra, que fosse digno de abrir o livro e ler ou ver o seu conteúdo.

Você já se perguntou por que João tinha que chorar tanto? A resposta pode surpreender você. Enquanto o pergaminho estiver fechado, ninguém poderá ler seu conteúdo. Isso significa que qualquer conselho do Senhor e qualquer destino que está escrito neste livro não pode ser decretado na terra. É por isso que é tão importante que os rolos sejam abertos e decretados, porque então o conteúdo do rolo tem o poder da lei. Enquanto alguém não puder ler o conselho do Juiz Celestial, os demônios não serão impedidos em seus caminhos perversos na terra.

O inimigo resiste furiosamente à revelação dos conselhos do Senhor porque cada conselho que está sendo aplicado na terra é um ato direto de guerra em seu domínio. Cada filho de Deus que é vingado pelo Juiz Celestial trará uma derrota esmagadora para o inimigo. Quando os filhos de Deus estão cumprindo seus destinos, o céu se alegra porque é assim que as obras de Deus se tornam visíveis na terra.

Agora você recebeu um veredicto que é assinado pelo Juiz Celestial. Este conselho do Senhor contém todas as decisões relativas às demandas que você fez no processo judicial. Provavelmente, você deve ter recebido uma resposta para qualquer demanda que você fez. Agora cabe a você trazer esta vontade de Deus para a terra e executar o conteúdo.

Aterrissando o Pergaminho

O profeta Zacarias teve uma visão em que viu um pergaminho voador. Sim, você leu corretamente: *um pergaminho voador*. O Senhor explicou a Zacarias que esse livro continha um decreto do trono e um veredicto sobre os injustos. Foi uma decisão tomada no céu sobre os ladrões e perjuros da terra.

O que podemos aprender com essa visão é que os conselhos do Senhor vêm à Terra como um pergaminho voador. Este pergaminho só recebe o poder da lei quando há alguém na terra que sabe o que está escrito nele e posteriormente o decreta. Esse é o propósito de todos os livros proféticos da Bíblia; para descrever e decretar as visões que o profeta recebeu no céu. Essa é a única maneira de dar a esses conselhos do Senhor o poder da lei.

> *Certamente o Senhor Deus não fará coisa alguma, sem ter revelado o seu segredo aos seus servos, os profetas. Bramiu o leão, quem não temerá? Falou o Senhor Deus, quem não profetizará?*
> *Amós 3:7-8*

Deixe-me dar um exemplo pessoal. Para se tornar um oficial da Marinha Real Holandesa, um Decreto Real deve ser assinado pelo rei. O mesmo se aplica a todas as promoções que você recebe na marinha. Quando você terminar seu treinamento como oficial, toda a classe pode ser empossada na mesma data fixada. Mas embora todos saibam que você foi promovido nessa data, você ainda deve esperar até que o rei tenha assinado o Decreto Real.

Enquanto este Decreto Real não for assinado pelo rei, você não tem permissão para usar a insígnia de sua classe. Somente após o decreto real ter sido entregue a você pelo seu comandante, você poderá usar as insígnias. É então que você ganha a autoridade, o poder e a jurisdição que pertencem ao seu posto.

O mesmo é verdade para o veredicto da corte celestial. Mesmo que todos saibam o que está escrito nele, você só pode agir de acordo depois de ter proclamado o veredicto escrito na terra. Isso aconteceu com Zacarias e Daniel. Os decretos do Juiz Celestial só foram ativados depois que alguém os proclamou na terra.

Nossa Atribuição

Agora o que fazer com todas essas informações? Espero que você entenda por que é importante escrever o veredicto do céu. Você tem um conselho do Senhor em suas mãos. Este decreto tem o poder de lei quando você usa seu mandato para revelar seu conteúdo. Não há poder nas trevas que seja capaz de impedi-lo de fazer isso quando você anda com autoridade. Talvez seja isso que Jesus quis dizer quando disse:

> *Eu falo do que tenho visto com meu Pai, e vós fazeis o que ouvistes de vosso pai."*
>
> João 8:38

A razão de irmos ao tribunal celestial é porque alguém nos injustiçou. Pedimos a Deus que nos justifique e nos dê justiça. Agora que recebemos o veredicto por escrito, obtivemos o que pedimos. Mas não é tarefa do juiz fazer cumprir o veredicto. O mesmo é verdade na Terra.

Deixe-me dar um exemplo. No meu bairro, havia um grande prédio que estava vazio. Não demorou muito para que alguns invasores ocupassem o prédio. Esses invasores causaram muitos problemas e começaram a praticar atividades criminosas.

Claro, o proprietário deste edifício não gostou. Além do fato de que ele não poderia vender sua propriedade, os invasores também estavam causando muitos danos. Mas na Holanda, o proprietário não tem permissão para expulsar intrusos, mesmo que os invasores tenham acesso ao prédio ilegalmente. A polícia também não pôde ajudar o proprietário porque não sabia se o proprietário havia feito um acordo com os invasores e apenas os queria fora.

Portanto, o proprietário teve que ir primeiro ao tribunal, antes que pudesse remover os intrusos de seu prédio. Ele precisava obter um veredicto sobre a ilegitimidade da invasão de sua propriedade. Ele teve que provar em tribunal que os posseiros estavam ocupando sua propriedade ilegalmente e que nenhum acordo havia sido feito com eles. Ele também teve que exigir a evacuação de suas instalações e que os invasores paguem pelos danos que causaram. Neste caso particular, o juiz decidiu a seu favor. O juiz proferiu um veredicto que declarou que a ocupação era ilegal e ordenou a evacuação dos posseiros. Este veredicto foi entregue ao proprietário.

O proprietário ficou muito satisfeito e foi para sua propriedade. Ele ficou em frente ao prédio com o veredicto escrito acenando em sua mão. Os invasores eram dóceis e começaram a deixar o prédio depois de limparem sua bagunça ... não, não realmente. Os invasores não se mexeram e a polícia entrou em cena. Os invasores não se importaram com o veredicto do juiz porque não reconheceram sua autoridade.

Felizmente para o proprietário, temos um poder jurídico executivo - a força policial. A equipe da SWAT entrou no prédio e o liberou em 30 minutos. A evacuação foi um fato. A resistência dos posseiros foi quebrada porque havia um poder jurídico executivo que foi mandatado para usar a força para remover os posseiros do prédio.

As Hostes Celestiais

Todos nós reconhecemos o caminho que o proprietário teve de percorrer para reaver sua propriedade. Alguém o injustiçou, você vai ao tribunal e recebe um veredicto do Juiz no céu.

Mas e daí? Às vezes, as coisas realmente não mudam. Quando isso acontecer, você pode pedir ajuda aos poderes executivos do céu. Este é o exército do Senhor; as hostes do céu. Eles ficarão felizes em ajudá-lo na execução do veredicto. Vemos isso também na visão do pergaminho voador.

> *Assim afirma o Eterno Todo-Poderoso: 'Eu lancei essa maldição!*
>
> *Zacarias 5:4*

A Bíblia nos diz aqui que foi o Senhor dos Exércitos quem deu o veredicto. Isso significa que as hostes do céu estão envolvidas na execução do veredicto. Você pode apelar para esta hoste de seres celestiais. O exército do Senhor é enviado para nos ajudar a subjugar o inimigo na terra. Vou explicar isso com um versículo de Hebreus.

> *Ora, a qual dos anjos Deus alguma vez declarou: "Senta-te à minha direita, até que Eu faça dos teus inimigos um estrado para os teus pés"? Não são todos os anjos, espíritos ministradores, enviados para servir em benefício dos que herdarão a salvação?*
>
> *Hebreus 1:13-14*

Nenhum dos anjos jamais ouviu que eles tinham permissão para sentar-se à direita do Todo-Poderoso. Essas palavras foram ditas ao Filho e contêm uma promessa e uma designação. A promessa é que todos os inimigos do Messias serão transformados em escabelo de Seus pés. Já vimos que a terra é o estrado de Seus pés. Portanto, o local onde Seus inimigos estão subjugados é a terra. A missão de cumprir essa promessa é dada a nós, a igreja, mas as hostes do céu cumprem um papel importante. Eles são enviados do trono para a terra para ajudar os santos na execução de sua designação.

Os exércitos do Senhor estão aqui para nos ajudar a executar os conselhos do Senhor na Terra. Mas eles estão esperando por nós. Temos a iniciativa; nós, os filhos do Deus vivo. Somos nós que devemos receber esses conselhos do Senhor e proclamá-los na terra.

Isso é o que um oficial de justiça faz. Ele toma o veredicto de um juiz e vem com um mandado. Neste mandado está escrito em maiúsculas: EM NOME DO REI. Em seguida, lemos o veredicto do juiz que deve ser executado.

Lemos no Salmo 149 que Deus nos deu o direito de executar Seus julgamentos escritos. Isso é o que nos dá a nossa glória: que Seus inimigos se tornem escabelo de Seus pés, por meio de nossas ações.

Para exercerem vingança sobre as nações, e castigos sobre os povos; para prenderem os seus reis com cadeias, e os seus nobres com grilhões de ferro; para executarem neles o juízo escrito; esta honra será para todos os santos. Louvai ao Senhor!

Salmo 149:7-9

Deus nos conferiu autoridade e nos mandou proclamar os conselhos do Senhor na terra. No momento em que gritamos: "EM NOME DO REI!" todo poder na escuridão estremece. Não apenas por causa da ordem do tribunal, mas também por causa das poderosas hostes do céu que nos acompanham. Eles garantirão a execução correta dos conselhos do Senhor na Terra.

É assim que funciona a autoridade do reino dos céus. Isso é o que o centurião sabia quando veio a Jesus em nome de seu servo enfermo. Ele era alguém com autoridade e sabia muito bem que Jesus agia da mesma maneira.

"Senhor, meu servo está em casa, paralítico e sofrendo horrível tormento". Então, Jesus lhe disse: "Eu irei curá-lo". Ao que respondeu o centurião: "Senhor, não sou digno de receber-te sob o meu teto. Mas dize apenas uma palavra, e o meu servo será curado. Porque eu também sou homem debaixo de autoridade e tenho soldados às minhas ordens. Digo a um: Vai, e ele vai; e a outro: Vem, e ele vem. Ordeno a meu servo: Faze isto, e ele o faz". Ao ouvir isto, Jesus maravilhou-se, e disse aos que o seguiam: "Com toda a certeza vos afirmo que nem mesmo em Israel encontrei alguém com tão grande fé.

Mateus 8:6-10

No momento em que você receber o julgamento por escrito do Juiz, a única coisa que você precisa fazer é proclamar este conselho do Senhor na terra. Por ter apresentado seu caso nas cortes do céu, você está autorizado a fazer cumprir a retidão e a justiça na terra.

Você faz isso decretando o julgamento por escrito. Você não pode possuir essa autoridade pela sua fé ou pela sua justiça; está enraizado na realeza de nosso Deus. Seu reino é um reino eterno. O cetro de Deus, o símbolo de sua autoridade e poder, é um cetro de justiça.

> *Entretanto, a respeito do Filho, revela: "O teu trono, ó Deus, subsiste por toda a eternidade; e o cetro do teu Reino é bastão da justiça. Amas o direito e odeias a iniquidade; por esse motivo, Deus, o teu Deus, te escolheu e ungiu com óleo de alegria, como a nenhum dos teus companheiros".*
>
> Hebreus 1:8-9

Saiba que Deus nos chamou para governar com Ele como reis. Ele nos dá autoridade para sentar no banco do juiz a fim de julgar e dar um veredicto. Então, podemos discernir com nossos próprios olhos entre o bem e o mal.

Conclusão

Assumamos a posição que Cristo preparou para nós com grande ousadia. Vamos entrar em ação e apresentar nosso caso perante o Juiz Celestial, a fim de lidar com a injustiça que foi feita a nós.

A criação é suprimida pelo terror do inimigo. Ele está esperando por sua redenção. Está esperando a revelação dos filhos e filhas de Deus. Cabe a nós, filhos e filhas do Deus vivo, executar a vontade de Deus na terra, pleitear a justiça e decretar os julgamentos de nosso Deus.

Portanto, tome o julgamento do Juiz Celestial. Decrete e declare o conselho do trono e diga aos seus inimigos:

"EM NOME DO REI!"

Epílogo

Há meses, as ruas celestiais fervilham de entusiasmo. Todo mundo está falando sobre isso. Os santos do Deus Altíssimo finalmente aparecerão diante dEle? Os anjos correm para o grande salão. Há muito a ser feito nestes últimos momentos. Alguns estão preparando o banquete. Lá, os filhos do Deus Altíssimo irão jantar com Ele após a cerimônia.

A expectativa é palpável no grande tribunal imponente. Está tudo preparado. Os tronos estão prontos; as testemunhas ocupam seus lugares. Representantes de todas as línguas, tribos e nações estão sentados na galeria em seu lindo linho branco. Os escribas trabalharam intensamente para preparar todos os livros. Pode ser que o príncipe das trevas, o acusador dos irmãos, digite mais uma declaração falsa.

A espera está quase acabando. Todos estão muito felizes porque o desejo do Pai finalmente será satisfeito. Até o Filho do Altíssimo está muito entusiasmado. Este é o momento que toda a criação está esperando: todos os inimigos do Messias são transformados em estrado de pés sob Seus pés.

O príncipe das trevas está em pânico há semanas, sabendo que seu fim chegou. Ele abriu seu saco de truques, como esperado. Os espíritos religiosos trabalharam horas extras para confundir a igreja nestes últimos momentos. Por causa de suas atividades, a hashtag #mostremeaescritura? está no topo das paradas do Twitter. Espíritos mentirosos sussurraram todos os tipos de histórias aos ouvidos dos santos: *"Você só entra no céu quando morre. Você não tem nenhuma autoridade na terra. Você não está autorizado a julgar os anjos. Você nunca cumprirá seu destino. O arrebatamento da igreja porá fim ao seu sofrimento. A terra será um lugar terrível antes de Seu retorno."*

Mais mentiras foram espalhadas, e cada meio de notícias se tornou um site de notícias falsas. A mídia social está correndo solta com todas essas mentiras e acusações.

Mas é o Espírito do Altíssimo que vence no final. Ele é quem vai convencer os filhos de Deus de que eles têm o direito de pleitear perante o trono de Deus. A hora da restauração é agora; a hora em que

Epílogo

os santos receberão o reino é agora. As antigas promessas estão finalmente sendo cumpridas. Os livros que foram selados por Daniel e João são finalmente lidos pelos santos na terra. Ondas de felicidade e alegria enchem a terra. Os santos sabem que a porta do céu foi aberta.

De repente, shofars são tocados. Todo mundo se levanta. A porta da sala imponente se abre lentamente. Luzes vêm da terra e começam a entrar no céu. Primeiro alguns, mas mais em breve. Um mar completo de luz está entrando no grande conselho do Senhor em um fluxo constante. Finalmente, os filhos e filhas do Senhor chegam.

Um após o outro é escolhido para dentro pelos arcanjos, e eles tomam suas posições. O Filho do Altíssimo tem o maior sorriso no rosto que você já viu. Ele está delirando de alegria.

Então, quando todos chegaram, as portas se fecham. Todos ficam quietos e se levantam em homenagem à entrada do Juiz Supremo. Atrás do grande trono branco, outra porta se abre. Uma luz clara avassaladora, com mais cores do que o arco-íris jamais teve, dança no corredor. Abaixo do trono, um mar de fogo começa a se mover. Um arauto bate com a vara no chão e proclama em voz alta: "*O Ancião dos Dias, o Juiz de toda a Terra, o Rei de toda a criação*".

Todos saudam o Rei da Glória. Alguns choram de alegria. Lá vem o Ancião dos Dias, brilhando como o sol; entrando no grande salão. Ele se senta em Seu trono glorioso e todos estão sentados. Leva algum tempo até que todos se acalmem, mas Ele está aproveitando cada momento.

O tribunal está em sessão. Um após o outro, os santos dão suas declarações. Cheios de fogo, eles proclamam as vitórias que conquistaram sobre os inimigos do Deus Altíssimo. Eles pedem ao juiz que os justifique e que seu sangue seja vingado.

O príncipe das trevas fica cada vez mais ansioso. Você pode ver o medo em seus olhos. Seu domínio está desmoronando. Seu poder está quebrado. Um por um, seus escuros servos são ordenados a aparecer no majestoso tribunal.

"Ajoelhar!" os santos de Deus os ordenam em uníssono. Suas vozes são como o trovão, como o som de uma trombeta trovejando pela criação. Ali, diante do trono do Cordeiro, todos os servos do príncipe das trevas se ajoelham e confessam que Jesus Cristo é o Senhor. Eles reconhecem que todo poder, toda honra e toda força pertencem a Ele!

A terra se alegra. Finalmente livre! Os céus estão agitados. As estrelas estão dançando de alegria. Isso não acontecia desde o dia em que Deus disse: "*Haja luz!*"

Finalmente, os filhos e filhas de Deus são revelados em sua glória. O reino e o domínio foram dados aos santos do Altíssimo.

A criação desperta do coma. Cidade após cidade, distrito após distrito, nação após nação, e cada continente é libertado da sufocante dominação do príncipe das trevas.

Este é apenas o começo. O reino do Altíssimo será dado a todos os Seus santos. Eles recebem o domínio que Adão perdeu no jardim. Essas são as recompensas que eles aguardaram por tanto tempo. Todo o universo será restaurado.

Mais julgamentos são feitos. No final, o príncipe das trevas fica completamente sozinho diante do trono do Ancião dos Dias. O rio de fogo o engolfou. As rodas sob o trono estão queimando intensamente.

Então ele é julgado, junto com a morte e o inferno. O domínio do maligno está finalmente quebrado; a humanidade e a criação celebram sua libertação. O príncipe das trevas, a morte e o inferno são levados ao abismo. Todos estão cheios de alegria porque o inferno finalmente recebe seu castigo eterno.

O Ancião dos Dias encerra a sessão do tribunal. Todos estão comemorando tão alto que até os buracos negros do universo ganham vida e começam a brilhar. O banquete começa. Chegou a hora da festa de casamento do Cordeiro.

> Mas o tribunal se assentará em juízo, e lhe tirará o domínio, para o destruir e para o desfazer até o fim. O reino, e o domínio, e a grandeza dos reinos debaixo de todo o céu serão dados ao povo dos santos do Altíssimo. O seu reino será um reino eterno, e todos os domínios o servirão, e lhe obedecerão.
>
> Daniel 7:26-27

Anúncio do Reino do Messias

Salmo de Davi.

Disse o Senhor ao meu Senhor: Assenta-te à minha direita, até que eu ponha os teus inimigos por escabelo dos teus pés.

O Senhor enviará de Sião o cetro do teu poder. Domina no meio dos teus inimigos.

O teu povo apresentar-se-á voluntariamente no dia do teu poder, em trajes santos; como vindo do próprio seio da alva, será o orvalho da tua mocidade.

Jurou o Senhor, e não se arrependerá: Tu és sacerdote para sempre, segundo a ordem de Melquisedeque.

O Senhor, à tua direita, quebrantará reis no dia da sua ira. Julgará entre as nações; enchê-las-á de cadáveres; quebrantará os cabeças por toda a terra.

Pelo caminho beberá da corrente, e prosseguirá de cabeça erguida.

Salmo 110

Agradecimentos

Em primeiro lugar, quero agradecer ao Deus Triúno por seu apoio, compreensão e poder sobrenatural que me deu ao escrever este livro.

Meu Pai, Tu também és meu Juiz. É um privilégio estar diante de você. Jesus Cristo, Você é meu Advogado, meu maravilhoso Conselheiro: Você pleiteia por mim no tribunal. Espírito Santo, você é o ajudante ao meu lado. É um privilégio ter Você como meu Mentor.

Agradeço aos sete Espíritos de Deus. Eles são meus professores. Eles me apóiam e me ajudam. Você fala comigo: "Este é o caminho: me siga".

Agradeço a Noortje, minha querida esposa, pela inspiração, pela liberdade, pelo amor e pelo apoio que você me dá em minha vida. Você é o raio de sol da minha vida.

Agradeço a Dick e Arleen por anos de amizade. É um privilégio conhecer você.

Agradeço a Arjan, Meindert e Marie-Thérèse e a Peter por suas perguntas penetrantes. Você tornou este livro mais afiado do que uma espada de dois gumes.

Agradeço a Sven pelo lindo prefácio, onde você testemunha que as cortes do céu irão justificá-lo.

Agradeço a John e Beverley por suas recomendações. Alguns encontros foram destinados do céu. Este é um deles.

Agradeço a Roos, Jim e Diane pelo apoio profissional na edição deste livro. O que você traz para a mesa é inestimável.

Agradeço a Anneke. Você examinou meticulosamente o manuscrito para melhorar a qualidade. Sua precisão não tem precedentes.

Agradeço aos meus amigos pelos anos em que continuaram acreditando em mim. Sem suas orações e incentivos proféticos, este livro não existiria.

Agradeço a Ian Clayton e ao Dr. Adonijah Ogbonnaya pela maneira como vocês se prepararam para nós. Seus esforços altruístas irão amadurecer muitos filhos.

Leitura Recomendada

Caderno de Atividades - Cortes Celestiais para iniciantes
Ronald Montijn
Publishing House Seferim

Este livro é um suplemento da edição em brochura. Isso o ajudará a preparar seu caso no tribunal e apresentá-lo ao Juiz celestial.

Há amplo espaço para trabalhar nas tarefas mencionadas na edição em brochura.

Você pode fazer anotações adicionais e ter permissão para fazer cópias da pasta de trabalho depois de adquirir uma cópia dela.

Há um índice de referências bíblicas para que você possa estudar este assunto em profundidade.

**Dimensões do Reino Volume 1
(Ian Clayton)
Seraph Creative**

As Dimensões do Reino equiparão os crentes com a realidade do que significa estar 'no espírito' e nos reinos de Deus, capacitando-os a conhecer e experimentar quem realmente é a pessoa de Deus. O livro será um recurso valioso que permitirá que você participe ativamente e conheça seu Deus Pai, não apenas fazendo coisas para ele.

Este livro é para aqueles que desejam ver a realidade dos reinos sobrenaturais do Céu e o retorno dos filhos do Reino ao seu devido lugar como herdeiros.

Esta segunda edição do Volume 1 o levará em uma jornada pelas experiências de Ian nos reinos celestiais e inclui etapas espirituais e ativações de oração que permitem que você entenda, experimente e entre nesses reinos por si mesmo.

Este livro inclui capítulos sobre: Éden, O Rio, A Nuvem Negra, O Tribunal de Deus, Os Sete Espíritos de Deus, Portais do Espírito / Alma, Coroas Espirituais e Uso da Palavra como Porta de Entrada.

Ian Clayton é o fundador dos Ministérios Son of Thunder. Ele fala globalmente, treinando e equipando os crentes para experimentarem pessoalmente os reinos do céu.

Ian Clayton é um dos pais da compreensão dos reinos celestiais atuais. Seu ensino original e inovador e suas percepções práticas, adquiridas ao longo de mais de 25 anos, mudaram a maneira como nossa geração experimenta acessar os reinos do Céu que Jesus abriu para nós.

HaShamayim 1A: Angels, Heavenly Structures and the Sons of God
Dr. A. Ogbonnaya
Aactev8 International

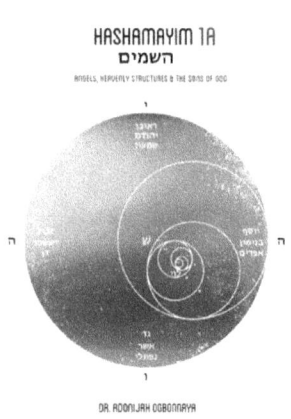

If a believer is born from above, is it not logical then that the believer should return there as often as he or she desires or is able? If the believer is seated in the heavenlies, does it not call forth a need to understand what the heavens looks like?

I began very early in my journey to ask for understanding of how heaven is structured and also to seek for a language on how to narrate my experiences. These experiences are the results of my travel to the heavens through the person of Jesus who is the way and door to enter those realms of heaven.

To me, the primary purpose of the coming of Jesus into the world is to open the gates and the door to the heavenly dimension, for me and for all of humanity. The true message of Christianity then is that the door to the heavens has opened to all who, by their freewill, choose to believe the Messiah whom God has sent in the Person of Yeshua (Jesus) HaMashiach (The Christ).

In my journey towards understanding who I am in the Father through the Son, Jesus Christ, I have had many experiences whose examination and analysis, instead of proffering final solutions to intractable spiritual questions, has rather fueled more burning questions.

So rather than offer you a final answer to your questions about the heavens, I hope this book spurs you to ask more questions and to press into the heavens and to search the Scriptures to find more of what the Father has for us as God's Children.

Seraph Creative é um grupo de artistas, escritores, teólogos e ilustradores que desejam ver o corpo de Cristo crescer em plena maturidade, caminhando em sua herança como Filhos de Deus na Terra.

Assine nosso boletim informativo para saber sobre o lançamento do próximo livro da série, bem como outros lançamentos emocionantes.

Visite nosso website :

www.seraphcreative.org

www.ingramcontent.com/pod-product-compliance
Lightning Source LLC
Chambersburg PA
CBHW071615080526
44588CB00010B/1138